CHE GUEVARA

체 게바라

슈테판 라렘 지음 | 심희섭 옮김

초판인쇄 2007. 2. 5.
초판발행 2007. 2. 10.

편 집 홍석봉·정지희·박승범·김윤곤·김수현
마케팅 이태준
펴낸이 강준우
관 리 김수연
디자인 이은혜·최진영
펴낸곳 인물과사상사

등록 1998. 3. 11(제17-204호)
주소 서울시 강동구 성내동 533-1 영우빌딩 3층
전화 02) 471 - 4439
팩스 02) 474 - 1413
우편 134 - 600 서울 강동우체국 사서함 164호

E-mail insa@inmul.co.kr
홈페이지 http://www.inmul.co.kr

값 7,800원
ISBN 978-89-5906-052-8 04080
ISBN 978-89-5906-050-4 (세트)
파손된 책은 교환하여 드립니다.

CHE GUEVARA
체 게바라

CHE GUEVARA by Stephan Lahrem
Copyright 2005 Suhrkamp Verlag, Frankfurt am Main
Korean Translation Copyright 2006 by Person & Idea Publishing Co.
All rights reserved.
The Korean language edition is published by arrangement with
Suhrkamp Verlag through MOMO Agency, Seoul.

이 책의 한국어판 저작권은 모모 에이전시를 통해
Suhrkamp Verlag사와의 독점 계약으로
인물과사상사에 있습니다.
저작권법에 의해 한국 내에서 보호를 받는 저작물이므로
무단전재와 무단복제를 금합니다.

CONTENS

7 신화가 된 체 게바라

생애
15 유년기와 청년기: 천식, 삶을 위한 투쟁(1928~1947년)
30 수업시대 편력시대: 정치적 급진화의 길(1947~1956년)
45 신화의 주춧돌: 시에라마에스트라에서 카스트로와 함께 (1956~1958년)
60 관직과 지위: 장관 게릴라((1959~1965년)
81 카스트로와의 결별: 정글로의 귀환(1965~1967년)
93 죽음과 부활(1967년)

작품
105 라티노아메리카나: 오토바이 여행 일기(1951~1952)
110 불사신의 신비한 예감: 라틴아메리카 여행 일기(1953~1956년)
115 쿠바 일기(혁명전쟁 회고록)
120 게릴라전(파르티잔 전쟁)
126 국제주의
132 새로운 인간
139 경제정책
144 아프리카의 꿈: 콩고의 혁명투쟁에서 다시 집어 든 일기
149 볼리비아 일기

영향
158 국가 공인 영웅
178 게릴라전의 모범
194 정치적 급진화의 원동력
208 영사막 역할을 하는 체
222 예술에 등장하는 인물 체 게바라

227 체 게바라 연보
233 참고 도서

신화가 된 체 게바라

1967년 10월 볼리비아 밀림지대 게릴라전에서 체 게바라가 사망했다는 소식이 알려지자 이탈리아의 출판인 지안지아코모 펠트리넬리(Giangia-como Feltrinelli)는 즉시 게바라의 얼굴을 인쇄한 포스터를 다량 제작하여 배포했다. 펠트리넬리는 1960년 쿠바에서 알베르토 코르다(Alberto Korda)가 찍은 저 유명한 사진을 변용했다. 그것은 어깨까지 내려오는 곱슬머리에, 머리에는 그의 상징이 된 붉은 별을 단 베레모가 얹어져 있고 멀리 담대한 시선을 두고 있는 수려한 젊은이의 모습이었다.

체 게바라의 초상

지금까지 이 게바라 초상은 티셔츠, 포스터, 커피 잔, 시계 등에 수없이 많이 사용되어 왔다. 그러나 오늘날 '게바라주의자'이기 때문에 이러한 액세서리로 치장을 하는 예는 거의 없다. 이러한 치장을 하고서 직접 무기를 들고 세상에 존재하는 억압에 맞서 싸우려는 사람은 거의 없다. '체'는 이미 오래전에 하나의 우상이 되어 버렸다. 그의 모습으로 자신을 치장하는 것은 좌파적 급진주의를 표시하는 몸짓이기는 하지만 이러한 몸짓은 정치적인 의무감을 배제하는 것이며 그런 한편으로 여전히 상업적 또는 정신(관념)적 차원에서의 이득을 약속하는 것이기도 하다. 살아생전 이미 전설이 된 한 인간의 대중적 인기를 이용해서 이득을 얻고자 하는 심사는 어쩌면 너무나도 당연한 일이다. 그렇다면 이러한 지속적인 매력의 원천은 대체 무엇이며 거기서 취할 수 있는 이득의 실체는 무엇일까?

1960년대와 1970년대 초반 체 게바라는 세계 어디서나 혁명적 좌파 또는 혁명에 헌신하는 좌파의 상징적 인물로 통했다. 그는 1956년 피델 카스트로(Fidel Castro)와 함께 쿠바에 상륙하여 2년여의 게릴라전을 통해 독재자 바티스타를 무너뜨린 저 약소한 집단의 일원이었다. 그는 이미 전설이 된 몸으로, 즉 '체 사령관'으로서 1959년 1월 2일 아바나로 진격했다. 그리고 31세 때 이 의학박사는 국영은행의 총재가 되었고 후에 산업부 장관에도 올랐다. 그는 자신에게 주어진 새로운 임무를 감당하기 위해 업무를 마친 뒤 다음날 아침까지 경제 이론을 공부했다. 그의 좌우명은 게릴라로서나 장관으로서나 "현실을 직시하고 불가능에 도전하자!"였다.

체 게바라의 인지도는 새 정부에 대한 인준과 지지를 얻기 위해 전 세계를 순회하면서 급상승했다. 게바라를 쿠바 혁명의 대변인으로 앉힌 것이 정말 다행이었음을 그는 몸소 보여 주었다. 그는 특유의 달변과 카리스마로 자신이 품고 있는 이상들을 줄기차게 설파하고 다녔다. 세계 전체가 착취와 억압에 맞서 무장투쟁해야 하며 새로운 사회주의 사회를 통해 새로운 인간의 비전을 실현해야 한다고 웅변했다.

혁명적 사회주의의 전당에 그의 자리를 마련하는 데는 이 정도로도 충분했을 것이다. 그러나 '신화로서의 체'의 이미지를 확고히 세우기 위해서는 또 하나의 특별한 대미가 필요했다. 1965년 3월 14일 체 게바라는 완전히 종적을 감추었다. 피델 카스트로가 너무 세력이 커진 경쟁자 한 사람을 제거했다는 의혹과 다시 무기를 들고 세계 다른 지역에 혁명을 전이시키기 위해 공직에서 물러났다는 소문이 끈질기게 나돌았다. 그가 종적을 감춘 2년 동안 그의 소재에 관한 추측들이 난무했다. 그 사이에 그는 쿠바를 떠나 콩고, 이어 볼리비아에서 게릴라전을 지휘한 것이 사실이다. 그는 이 두 나라에서 모두 실패를 겪었고 1967년 10월 8일 볼리비아 정부군에 생포되어 그 다음날 바로 사살되었다.

그가 죽은 정황과 시점은 체 게바라라는 인물을 미화시키는 데 결정적인 기여를 한다. 그는 전투 중에 죽었으며 "제2, 제3의 수많은 베트남을 만들자!"는 스스로 내건 기치를 몸소 실현하기 위해 안락한 장관 자리를 버리고 권력을 포기했으며 자기 목숨을 내놓았다. 게다가 그는 젊은 나이에 죽었다. 사람들의 머리 속에 영원히 젊은 혁명가로 남아 있을 만큼 젊은 나이였고 또한 젊은 나이에 죽었기 때문에 자신의 이론과 유토피아를 실현했느냐의 여부로 평가받지 않아도 되었다.

억압받는 민중들의 해방을 위해 쉴 새 없이 투쟁한 투사라는 이미지에는 비판이 들어설 자리가 없었고 사정은 지금도 그렇다. 그러나 실상 비판의 여지는 충분히 있다. 경제에 대한 게바라의 생각은 대체로 그의 동조자들 사이에서조차 의혹의 눈초리를 받았다. 또 그의 게릴라 전술을 다른 나라에 수출하려는 시도도 무참한 실패로 끝났다. 무장투쟁에 대한 열정은 오래전에 식어 버렸고 인간이 새로워지리라는 그의 전망은 근본적으로 따져보면 무한한 희생을 외치는 도덕적 구호에 불과했다.

그러나 이러한 비판들이 그의 숭배자들의 발걸음을 막지는 못했다. 체 게바라가 혁명적 이론과 실천의 통일을 구현한 전례 없는 인물이라고 생각한 장 폴 사르트르(Jean-Paul Sartre)에게 게바라는 '우리 동시대의 가장 완전한 인간'이었다. 준엄하게 모든 사적인 관계와 욕구, 심지어 육체적 욕구까지 완전히 혁명에 복속시킨 그의 금욕적인 생활 태도는 이러한 심상에 부합하는 것이었고 이러한 경향은 계속해서 심화되어 갔다. 그렇지만 이러한 몰아적 헌신의 태도 뒤에는 체 게바라의 비극성과 근본적인 정치적 좌절이 감추어져 있다. 쿠바에서의 게릴라 활동 이후 그는 사유의 급진성을 자기 삶과 행동의 준거로 삼았고 그 결과 대다수 동시대인들에게 그는 멀리 떨어져 있는 존재가 되었으며 이후 세대들에게 이러한 거리감은 더욱 심화되었다. 이러한 거리는 게바라의 정치적 신념들을 공유하면서 그를 경탄의 대상으로 바라보되 그의 뒤를 따르지는 않을 수 있는 여지를 주었던 것이다.

'신화적 존재로서의 체'를 구성하는 요체는 다름 아니라 혁명의 이름으로 수행된 헌신이다. 이러한 헌신은 그에 대한 숭배는 허용하지만 뒤따르는 행동을 요구하지는 않는 법이다. 요컨대 '체'는 체제에 대한 급진적 저항을 과시하는 일종의 표식이 되었다. 그래서 '체'는 주저 없이 자기 주머니에 집어넣을 수 있는 관념적 이득인 셈이다. 왜냐하면 그렇게 한다고 해도 누구도 그러한 행동에 대한 결과를 기대하지 않는다는 것을 누구나 확실하게 알고 있기 때문이다.

생애
Leben

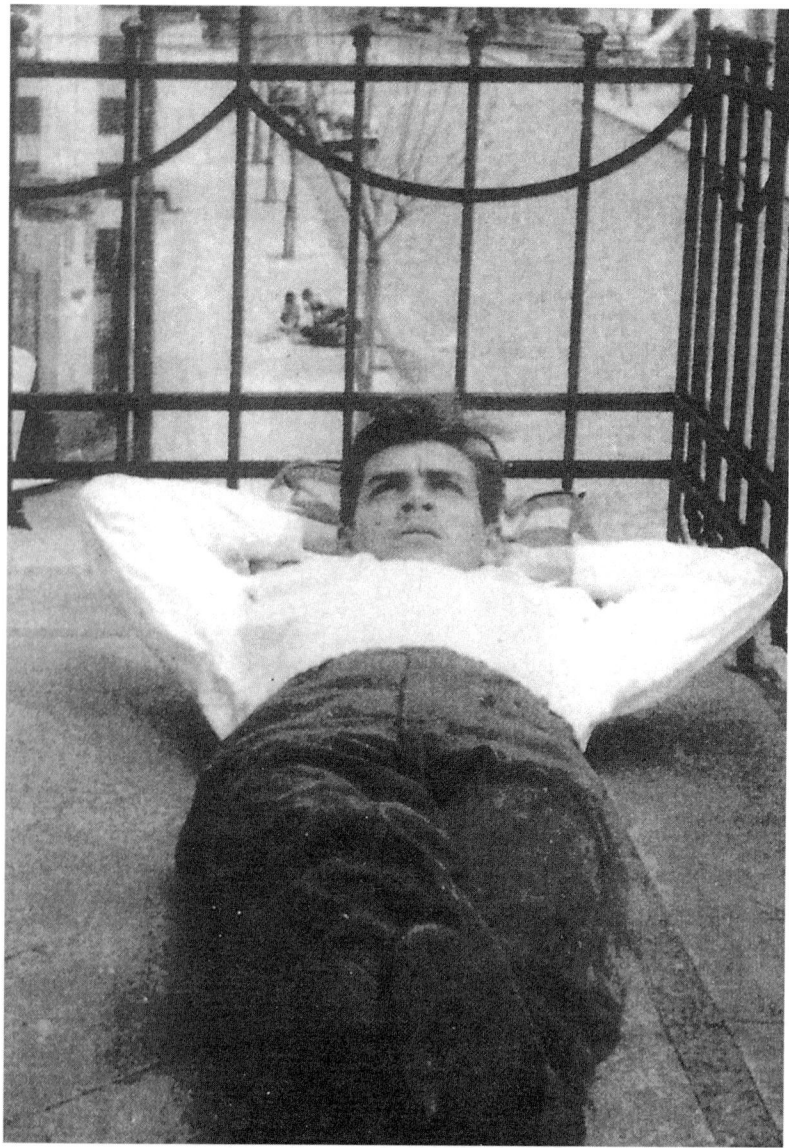

유년기와 청년기:
천식, 삶을 위한 투쟁 (1928~1947년)

1930년 5월 2일 부에노스아이레스 북쪽 산이시드로 만에 찬바람이 불고 있었다. 갑작스레 아르헨티나에 가을이 시작되었던 것이다. 여느 날처럼 셀리아 데 라 세르나(Celia de la Serna)는 이날 아침도 리오데라플라타에서 수영을 하기 위해 요트 클럽으로 갔다. 채 두 살도 안 된 에르네스토를 데리고서였다. 셀리아는 수영광에다 수영 실력도 뛰어났다. 그런 점에서 그녀는 집요하고 때론 무모하기까지 했다. 남편 에르네스토 게바라 린치(Ernesto Guevara Lynch)는 점심을 같이 먹기 위해 셀리아를 데리러 갔을 때 아이가 전신을 심하게 떨고 있다는 것을 알게 되었다. 얼마 지나지 않아 아이는 기침을 하기 시작했다. 아이의 부모는 아이가 그저 감기에 걸렸다고만 생각했다. 그래서 약간 성가시게 되었다고만 생각하고 대수롭게 여기지 않았다. 그러나 밤이 되어도 기침이 멎지를 않자 부부는 이웃의 의사를 불렀다. 의사는 천식성 기관지염 진단을 내리고 시중의 약을 처방해 주었지만 증상은 완화되지 않았다. 아이는 심한 발작적인 기침에 계속 시달렸고 발작은 수일간 지속되기도 했다. 증상은 점차 이상할 정도로 잘 낫지 않는 심각한 천식으로 발전했고 이때 발병한 천식은 에르네스토 게바라 데 라 세르나를 평생 괴롭히는 질병으로 그의 삶의 과정에 결정적인 영향을 주게 된다. 우리가 흔히 보는 많은 게바라 사진들은 훗날 명성을 얻게 된 '체'의 모습, 즉 베레모를 쓰고 시가를 피우는 모습이다. 그러므로 아주 어릴 때부터 그가 달고 살아온 천식용 흡입기와 천식 약품을 볼 수 있는 사진은 없다.

게바라 가족은 아이가 처음 천식발작을 일으킨 뒤부터 가족의 생활을 전면적으로 새롭게 개편하지 않을 수 없었다. 결혼 직후 수도인 부에노스아이레스를 떠나 시골 미시오네스로 이사한 지 겨우 2년 반이 된 때였다. 아르헨티나 북쪽 끝 파라과이와 브라질과 삼각형을 이루는 지대로서 접근하기도 어렵고 불모지이기도 한 이 지역으로 황급하게 쫓기듯 이주한 것은 자발적인 결정은 아니었던 듯하다. 셀리아의 친가에서 이 결혼의 승낙을 주저하고 있었기 때문이었다.

부모 에르네스토 게바라 린치 가문은 아르헨티나에서 손꼽히는 명문가의 하나였고 따라서 혼인은 온전히 신분에 맞게 이루어지는 것이 당연했다. 한편 부유한 데 라 세르나 가문도 여러 모로 명문가의 면모들을 열거할 수 있는 집안이었다. 스페인 출신인 페루의 마지막 부왕도 이 가문 출신이었다. 그러나 게바라 린치는 부에노스아이레스의 상류층 사이에서 평판이 그다지 좋지는 않았다. 그는 모험을 즐기는 불안정한 성향의 소유자로 간주되었고 그래서 업무능력도 별로 없는 것으로 여겨졌다. 데 라 세르나 가문에서 보기에 게바라 린치는 스무 살 된 셀리아를 분별 있는 생활로 이끌 적당한 신랑감은 분명 아니었다. 어릴 때 부모가 돌아가신 후 셀리아는 첫째 언니에게 맡겨졌고 규율이 엄격한 가톨릭 여학교에서 교육을 받았다. 하지만 청소년기에 접어든 셀리아는 반항하며 자신이 속한 계층의 지배적인 관습에서 벗어난 행동을 하기 시작했다. 페미니즘 성향의 집단과 교유하며 셀리아는 머리를 짧게 잘랐고 자기 수표책을 가지고 다니며 자기가 직접 사인해서 수표를 발행했으며 직접 운전대에 앉기도 했다. 한마디로 셀리아는 남성이 지배하는 아르헨티나 사회에서 끊임없이 문제를 일으켰던 셈이다. 이러한 셀리아가 "책상머리에 붙어 앉아 있느니 차라리 총을 쏴 자살하겠다"(James 2002, 47쪽)는 따위 이유로 아버지가 돌아가신 후 그때까지 하던 건축 공부를 그만두어 버린 남자와 결합했을 때 셀리아 친가의 반응이 어떠했을지는 짐작하기 어렵지 않다. 에르네스토 게바라 린치가 한 이 말이 결코 한때의 기분에서 나온 것이 아임은 이후 몇십 년에 걸쳐 그가 몸소 보여 준 행동으로 알 수 있다. 그가 어떤 사업에 발을 들여놓든 성공한 예는 드물었다. 보통 사람이라면 깜짝 놀랄 행태에 대해 셀리아는 정신적 유대감을 느꼈다. 비록 부모의 유산을 여섯 형제자매와 나누어 가져야 했기 때문에 물려받은 재산은 보잘것없었지만 성년이 된 셀리아는 독립하여 1927년 11월 에르네스토와 결혼한다.

갓 결혼한 젊은 부부는 서둘러 수도를 떠나 미시오네스 지방의 푸에르토카라과타이로 향했다. 여기에는 미리 구입한 200헥타르의 마테 차 농장이 있었다. 사회적 속박에서 자유로울 수 있다는 것이 이곳의 매력이었고 무엇보다도 큰 매력은 모험을 즐길 수 있고 빠른 시일 내에 부를 이룰 수 있다는 것이었다. 1920년대 말엽 마테 차 가격은 높았다. 잎을 말려 아르헨티나 국민의 음료인 마테 차를 만드는 마테는 당시 '녹색 황금'이라 불릴 정도였다. 이들이 부에노스아이레스를 황급히 떠난 데는 또 다른 고려가 작용했던 듯하다. 결혼 시점에 셀리아는 이미 홀몸이 아니었던 것 같다. 그들이 속한 사회 계층에서 속도위반은 빼도 박도 못할 추문을 의미했고 두 사람은 비록 사회적 관습에서 벗어난 행동을 했지만 이러한 구설수만은 피할 궁리를 했던 것 같다. 1928년 6월 14일 부부가 사업차 로사리오를 여행하던 도중 아들 에르네스토가 태어났고 7개월의 임신 기간은 그럭저럭 설명 가능한 범위였다. 이 날짜마저도 젊은 나이에 어머니가 된 셀리아가 혼전 임신 사실을 숨기기 위해 아들이 태어난 날짜를 위조하도록 병원 의사를 조른 결과였다고 셀리아의 친구는 주장하기도 했다. 그녀의 말이 사실이라면 에르네스토 게바라는 5월 14일 이미 세상에 태어난 것이 된다.(Anderson, 2002, 15쪽)

아버지가 되었음을 알린 이후 게바라 가족은 아르헨티나의 원시림 미시오네스에서 첫 두 해 동안 어렵지만 행복한 나날을 보냈다. 그러던 것이 1929년 세계공황의 여파로 마테 차 가격이 폭락했고 빠른 시일 내에 부를 이룰 수 있으리라는 꿈은 일단 접어야 했다. 1930년 게바라 가족은 산이시드로로 갔다. 에르네스토 린치가 남은 재산을 투자해서 만들었던 요트장이 파손되어 이를 손보기 위한 것이었다. 이 요트장은 화재로 완전히 소실되어 파산 직전이었다. 게바라 가족은 마테 대농장에서 나오는 불규칙하고 빠듯한 수입원밖에는 없었다. 식구들 사이에서 에르네스티토 또는 테테라고 불린 아들 에르네스토가 처음으로 천식발작을 일으켰을 때의 상황은 그랬다.

사업에는 그토록 미숙하고 무관심했던 부모였지만 어린 아들의 병을 고치려는 결연하고도 자애롭고 집요한 시

천식과의 싸움 도만큼은 헌신적이었다. 어린 에르네스토의 천식발작은 더 자주 일어났고 그 정도도 점점 더 심해졌다. 며칠씩 자리에 누워 기침을 해대며 겨우 가쁜 숨을 몰아쉬기도 했다. 에르네스토의 부모는 아들의 고통을 줄여 주기 위해서라면 생각할 수 있는 일은 뭐든지 실행에 옮겼다. 아이를 최고의 명의에게 보이기도 하고 약이란 약은 다 구해 먹이고 천식에 관한 구할 수 있는 모든 전문서적을 구해 읽고 또 방 안에 산소를 충분히 공급하기 위해서 오존 발생기를 구입하고 밤새도록 아들을 지켜보았다. 그래도 차도가 없자 부부는 무면허 의사에게 문의하는 것까지 서슴지 않았다. 그렇게 처음 4년을 보냈지만 지속적으로 차도를 보인 처방은 아무것도 없었다.

> 에르네스토가 웅얼거린 첫마디는 "아빠, 흡입기"였다. 천식이 점점 더 심해지고 있던 때였다.
> ― 에르네스토 게바라 린치, 《나의 아들 체》, 179쪽

이 시기 게바라 가족은 수차례 이사를 했다. 그러다가 의사들의 권유로 마침내 코르도바에서 약 40킬로쯤 떨어져 있는 시에라치카 기슭의 공기 맑은 작은 휴양지 알타그라시아에 가서야 비로소 에르네스토의 건강 상태는 뚜렷한 차도를 보였다. 에르네스토의 부모는 아들을 위해 그곳에 잠시 머물기로 했고 이렇게 해서 이곳은 이후 11년 동안 삶의 터전이 된 제2의 고향이 된다.

에르네스토의 발작은 차츰 줄어들었다. 그렇지만 여전히 약에 의존하고 있는 상태였고 당분간 학교에 가는 것은 생각할 수조차 없었다. 이 시기에 모자간에 매우 친밀한 관계가 형성되었고 이러한 관계는 이들이 죽는 날까지 계속 이어진다. 셀리아가 에르네스토를 돌보는 모습은 그야말로 몰입 그 자체였다. 에르네스토가 네 살이 되었을 때 셀리아는 벌써 읽기를 가르쳤다. 에르네스토는 자리에 누워 지내야 하는 경우가 잦았기 때문에 새로 습득한 이 능력을 사용할 기회가 아주 많았다. 그는 손에 잡히는 것이면 다 삼켜 버렸다. 처음에는 아동용 책과 청소년용 책, 알렉상드르 뒤마, 로버트 루이스 스티븐슨, 잭 런던, 쥘 베른 등의 모험소설을 읽었고 이어서 라틴아메리카와 유럽의 고전문학들을 읽었다. 어머니에게서 프랑스어를 배운 뒤에는 말라르메나 보들레르를 원전으로 읽기도 했다. 청년기 때 이미 이론서, 특히 프로이트와 아들러의 심리학 서적들이 그의 끝도 없이 많은 교재의 한 구석을 차지했다. 그는 시에 대해 각별한 애정을 키워 나갔다. 안토니오 마카도(Antonio Machado), 가르시아 로르카(García Lorca)를 읽었고 파블로 네루다(Pablo Neruda)는 반복해서 읽었다. 그의 독서 욕구는 그야말로 강박증의 양상을 띠어 갔다. 훗날 그는 어디를 가든 반드시 책 한 권을 끼고 다녔다. 쿠바, 콩고, 볼리

독서의 시작

비아 등지에서 게릴라전을 벌이고 있는 와중에도 그는 밀림 한가운데에서 책읽기에 골몰하여 그와 투쟁을 함께한 동지들에게 당혹감을 안겨 주었다.

에르네스토는 일평생 열정을 바친 장기 외에도 실용적인 것, 이를테면 아르헨티나의 시골에서는 꼭 배워야 할 승마나 사격 따위를 아버지에게서 배웠다. 다섯 살 때 벌써 아버지에게서 총 다루는 법을 배운 것으로 알려져 있다. 그러나 성장기의 에르네스토와 관련된 결정적인 인물은 여전히 어머니 셀리아였다.

에르네스토의 천식발작이 완화되자 관청의 추달로 마침내 학교 입학을 더 이상 미룰 수 없었다. 셀리아의 도움으로 그는 지적인 면에서는 큰 어려움 없이 학교생활을 할 수 있었고 나아가 그의 신체적 결함도 그 또래 아이들처럼 뛰어 돌아다니는 데 장애가 되지 않았다. 오히려 정반대였다. 아동기와 청소년기 아이들의 때론 거칠기도 한 놀이에서도 그는 빈번히 두각을 나타냈다. 세월이 흐를수록 그는 병으로 인해 실제 존재하는 장애도 고집과 의지력으로 뛰어넘을 수 있다는 것을 재삼재사 보여 줄 심산인 듯 비상한 끈기를 키워 나갔다. 어릴 때부터 그는 고통과 피로, 배고픔과 목마름을 이겨 나가는 데 도움이 되는 특별한 자기훈련을 감당할 능력이 있었다. 이러한 능력은 훗날 그가 게릴라전을 펼칠 때 크나큰 도

저돌적인 아이

알타그라시아의 한 수영장에서 부모와 함께 포즈를 취하고 있는 에르네스토, 셀리아, 안나 마리아, 로베르토. 1936년

움이 된다. 청소년기에는 운동에서 크게 두각을 나타낸다. 그는 규칙적으로 수영을 했을 뿐 아니라 여느 아이들처럼 축구도 했다. 친구인 토마스 그라나도(Tomás Granado)의 형에게 자극을 받아 열네 살 때 새로이 럭비도 하게 되었다. 그는 간혹 발작적인 기침이 엄습할 때면 늘 흡입기가 준비되어 있는 운동장 가로 달려가야 했음에도 불구하고 매우 공격적인 선수로 곧바로 인정받았다.

운동장 바깥에서도 에르네스토는 매우 저돌적인 태도를 보여 주었다. 가족이나 친구들이 그를 두고 무모하고 대담무쌍하다고 이야기하는 일화들은 무수히 많다. 협곡 위로 놓인 철교를 매달려 건넌 일도 있고 지면에서 10미터 높이에 있는 가느다란 수도관 위를 아슬아슬하게 걸어다녔다든가, 또 여교사가 잉크와 백묵의 유해성을 이야기한 직후 바로 그 수업시간에 잉크를 마시고 분필을

씹어 먹은 일도 있다고 한다. 이러한 일화들은 훗날 체 게바라의 특성들을 그의 청소년기에 투사해 넣은 경우가 왕왕 있기 때문에 그러한 이야기와 평가들에 대해 아주 조심스럽게 판단하지 않으면 안 된다. 그렇지만 이 성장기 소년이 부모나 자기 또래 아이들을 무모한 행동으로 놀라게 하는 데 재미를 붙였던 것은 사실인 것 같다. 위험한 모험에 대한 애착이었을까, 청소년기의 자만심이었을까, 의지력으로 건강상의 핸디캡을 이겨 보려는 시도였을까, 아니면 단순한 허풍이었을까? 여하간 그러한 행동을 통해 그는 또래들 사이에서 경외심을 불러일으켰고 자신이 앓고 있는 병에도 불구하고 비교적 정상적인 삶을 영위하는 법을 터득했다.

또 그의 엉뚱한 돌출행동은 게바라 가족이 알타그라시아에서 차지하고 있었던 특수한 위치와 어느 정도 관련이 있기도 하다. 그 사이 에르네스토에게는 동생 셀리아(1929), 로베르토(1932), 안나 마리아(1934) 그리고 늦둥이 후앙 마르틴(1942)이 생겼다. 게바라 가족은 낡고 거의 퇴락한 넓은 집 빌라 니디아에서 살았다. 그의 아버지는 중도에 그만둔 공부를 염두에 두고 스스로 늘 '건축가'라고 생각했다. 그는 코르도바 지방에서 주택 건축 일을 했으며 마침내 알타그라시아의 골프장 건설 일을 맡았다. 이러한 산발적인 일에서 얻는 수입이 넉넉할 리 없었다. 훗날 그의 아버지는 그의 가족이 집세를 내지 못한 때도 있었음을 시인했다. 그렇지만 그의 부모가 경제적인 곤란 때문에 밤잠을 설치거나 하지는 않았던 것 같다. "돈은 없었지만 그들은 '제대로 된' 사회계층에 속했고 명망과 그에 걸맞은 위신도 갖추고 있었다. …… 마치 미구에 모든 것이 다 잘될 것이라는 부자들 특유의 신뢰감을 가지고 태어난 것처럼 보였다. 설령 그렇게 되지 못하더라도 그들에게는 손을 건넬 친구와 친지들이 있었다."(Anderson, 2002, 25쪽) 한마디로 게바라 가족은 집시처럼 삶을 영위했다.

알타그라시아에서의 생활

게바라의 집에 오고 가는 손이 끊이지 않았던 상황도 보헤미안적 삶의 풍경을 연출하는 한 요소였다. 비단 어른들만이 잠시 또는 오래도록 이 집에 투숙하거나 에르네스토의 부모와 밤새도록 토론을 벌였던 것은 아니다. 에르네스토와 그의 동생들이 소꿉친구들을 데리고 와 밥을 같이 먹는 것은 일상사였다. 이들은 대개 이웃 빈민촌에 사는 아이들이었다. 이런 아이들은 지저분하고 찢어진 옷을 입고 맨발로 뛰어다녔다. 이들이 벌이는 놀이는 거칠기 일쑤였고 사람을 대하는 방식이나 어조도 투박했으며 드잡이를 벌이는 일도 특별한 것이 아니었다. 에르네스토와 그의 부모는 이러한 행동을 막지 않았다. 이 시절을 지켜본 사람들의 말에 의하면 오히려 에르네

가난과의 대면

스토는 부잣집 아이들과 놀기보다는 이러한 아이들과 어울려 놀았다. 이러한 교유가 에르네스토에게 영향을 준 측면도 있다. 즉 옷에는 신경을 쓰지 않는다든지, 몸의 위생은 싫지만 따라야 하는 필수사항으로 여겼다든지 하는 측면 말이다. 그는 죽을 때까지 이 두 가지 자세를 견지했고 그것은 말하자면 자기 자신에 대한 독려였다.

그러나 그는 빈민촌 아이들과 같을 수는 없었다. 아무리 그 자신이 그렇게 되기를 원했더라도 그것은 불가능한 일이었을 것이다. 그가 받는 교육이나 가족적 환경이 제공하는 물적·지적 테두리는 결코 다른 아이들에게는 주어질 수 없는 것이었고 그것은 곧 그가 '군계일학'이 될 수밖에 없는 조건이 되었다. 말하자면 에르네스토 게바라는 친구들과의 놀이를 통해 이러한 역할에 서서히 안착하게 된 셈이다. 그는 친구들을 통해 가난이 무엇인지 알게 되었고 가문이나 부만 가지고 스스로를 더 나은 존재로 생각하는 무리들을 경멸하기 시작했다. 자신의 능력을 가지고 일을 해서 운명에 굴하지 않는 자만이 그에게 존경의 대상이 될 수 있었다. 부유한 사람이나 가난한 사람이나 그런 점에서는 다를 바가 없었고 이러한 생각은 쿠바 혁명이나 게릴라전에서나 그가 늘 견지한 기초적인 기준이기도 했다.

그러면 정치에 관한 생각은 어땠을까? 흔히 사람들은

청소년기의 정치적 면모

유명한 혁명가라고 하면 청소년기에서부터 벌써 미래를 암시해 주는 사건들을 찾아내려고 애를 쓴다. 하지만 체 게바라의 경우에 그러한 탐사는 특별히 거둬들일 것이 없다. 그의 부모는 관습에서 벗어난 자신들의 생활 방식에 걸맞게 준엄한 반교권주의적 자세를 가지고 있었고 그들이 품고 있는 관점은 좌파 내지 사회주의 쪽이었다. 1936년은 스페인 내란이 터지고 정치적 논란이 가열되던 시점이었다. 게바라의 집은 망명한 스페인 공화주의자들의 집합 장소가 되었다. 소년기의 에르네스토는 이들이 하는 이야기에 홀린 듯 귀를 기울였다. 그는 조그만 색색가지 깃발을 이용해서 벽에 걸린 지도에 내란의 추이를 표시하고 집 옆의 버려진 공터에서 친구들과 함께 마드리드 전투를 흉내내기도 했다. 여덟 살에서 열한 살 무렵 소년의 이러한 모습은 결코 특별한 것이 아니었다.

> 7, 8세 되었을 때 에르네스토는 골프장 캐디로 일하는 아이들과 인근 산지에서 일하는 농장노동자의 아이들을 전부 모아 대장 노릇을 했다. 때때로 그 지역 유지의 아이들이나 알타그라시아에 휴가차 온 부유한 집안 아이들을 불러내 축구시합을 하기도 했다. 대개 에르네스토가 이끄는 프롤레타리아 팀이 이겼고 그러면 패자들은 에르네스토 일당의 조롱을 받으며 울면서 집으로 도망가 엄마 치마폭에 안겼다.
> 소년기 여자 친구였던 Dolores Moyano Martin, James, 2002, 55쪽

에르네스토가 "페론 반대 집회에서 경찰 저지용으로 쓰일"(Lawrezki, 1976, 34쪽) 폭탄을 제조하는 자신을 도와주었다는 아버지의 매우 의심스러운 주장은 일단 제쳐두고 초창기의 정치적인 영향이나 활동을 찾아본다면 늘 입에 오르내리는 일화와 마주치게 된다. 1943년 6월 친구인 토마스의 형 알베르토 그라나도가 쿠데타를 일으킨 군 장성 페드로 라미레즈의 검열조치에 반대하는 데모에 참가했다가 체포되는 일이 벌어졌다. 두 사람이 감옥으로 그를 면회하러 갔을 때 알베르토는 수감자들의 석방을 지원하는 실업고 학생들의 집회를 조직할 것을 종용했다. 이때 에르네스토는 "무기도 없이 거리로 나가다니, 그들의 집중포화를 받으라고? 미친 짓이야. 연발 권총만 있다면야 나가지."(그라나도, 1988, 92쪽)라고 말하며 알베르토의 청을 거절하여 그라나도 형제를 놀라게 한 것으로 알려졌다. 단순명쾌한 말이긴 했지만 그리 진지하게 한 말은 아니었던 것 같다. 그럴 것이 에르네스토는 청소년기나 심지어 대학 시절에도 정치적인 사안에 가담했던 일화가 없으며 호전적인 행동을 한 예는 더더욱 없기 때문이다. 그 뒤로도 에르네스토는 그러한 행동을 자랑거리로 여기지는 않았다.

후앙 도밍고 페론의 부상으로 나라가 분열되는 등 1940년대 들어 아르헨티나에서 일어난 소요사태들을 고려한다면 정치 사안들에 대해 실제로 에르네스토가 보인 수동성이나 무관심이 놀라운 일이지 그의 급진적인 발언들은 오히려 놀랄 것이 못된다. 그의 정치화는 남아메리카 대륙을 두루 여행하는 과정에서 비로소 시작되어 1955년 멕시코에서 피델 카스트로를 알게 되면서 급진화의 길을 걷게 된다. 그 시점까지 그는 1959년 페르난도 바랄에게 보내는 편지에서 고백한 대로 어디까지나 "개인주의자"요 "모험 애호가"로 남아 있었다.(Lawrezki, 1976, 35쪽)

그 사이 가족이 이주한 코르도바에서 1946년 말 에르네스토 게바라는 딘 푸네스 인문 고등학교에서 졸업시험을 치렀다. 성적은 전체적으로 중간 정도였고 문학과 역사 성적이 좋았다. 그럼에도 그는 공학을 공부하기로 마음먹었다. 1947년 초 그의 부모는 부에노스아이레스로 귀향했지만 그는 대학에 들어가기 전 토마스 그라나도와 함께 토지측량사로 약간의 돈을 벌기 위해 코르도바에 남았다. 5월 자신이 따랐던 할머니 안나가 암 투병 중에 심장마비를 일으켰다는 소식을 접하고 에르네스토 게바라는 즉각 수도로 갔고 17일간의 간호 끝에 마침내 할머니의 임종을 보았다. 이 경험은 그로 하여금 중대한 결심을 하게 했다. 즉 기술자가 되려는 생각을 버리고 의학부에 지원을 하게 된 것이다.

고등학교 졸업

CHE GUEVARA

수업 시대와 편력 시대:
정치적 급진화의 길 (1947~1956년)

의학 공부의 선택 게바라가 의학 공부로 선회하게 된 동기와 거기에 건 기대가 무엇이었는지에 관해서는 이런저런 추정만이 가능할 뿐이다. 훗날 쿠바 시절에 그가 이에 대해 말한 이유들은 아주 평범한 것이었다. 그때를 돌아보며 그는 "의학 공부를 시작했을 때 누구나 다 그런 것처럼 그저 출세할 생각이었다. 내 꿈은 유명한 연구자가 되는 것이었다. 그리고 궁극적으로 인류에게 쓰임새가 있는 일을 지속적으로 하는 것이었다. 당시 내 눈에는 그것이 개인적 출세였다. 우리 모두가 그런 것처럼 나는 내가 처해 있던 환경의 산물이었다."(AW 6, 48쪽) 여기에 사회참여에 관한 이야기는 거의 없다. 혁명에 복무하는 의사로서의 소명 따위도 전혀 언급이 없다.

그는 대학 공부를 위해 결국 코르도바를 떠나 부에노스아이레스로 이주해서 어머니가 사는 칼레아라오즈 2180번지에서 살았다. 당시 그의 어머니는 수도로 귀향한 후 곧바로 아버지와 별거에 들어간 상태였다. 그녀의 아들은 공부에 꽤 열심이었다. 첫 학기에는 하루에

10~12시간씩 도서관 책상머리에 앉아 있을 정도였다. 그러면서도 그는 운동을 계속했으며 장기에 열의를 보였다. 그리고 또 온갖 아르바이트로 학비를 벌려고 했다. 이처럼 천양지차의 활동들을 한꺼번에 하고 자기 능력의 한계에 이르도록 일하고 공부하는 것이 바로 에르네스토 게바라의 타고난 특성이었다. 그는 여가를 즐기는 일이 거의 없었고 무위로 시간을 보내는 예도 거의 없었다. 그러면서도 그는 자신의 임전태세를 자랑하는 일도 없었고 또 피곤함을 하소연하는 일도 없었다. 그가 남긴 수많은 일기들 어디에도 그러한 기색은 전혀 없다.

1950년 10월 에르네스토는 코르도바 최고 명문가 출신의 16세 여성 마리아 델 카르멘 '치치나' 페레이라(María del Carmen 'Chichina' Ferreyra)를 알게 된다. 두 사람 말에 따르면 이들은 첫눈에 사랑에 빠져 이후 몇 달 사이에 열정적인 로맨스로 발전해 갔다. 여전히 에르네스토는 사회에서 통용되는 에티켓을 무시했고 또 토론을 할 때에도 노골적인 직설법을 사용했기 때문에 두 사람은 곧 남몰래 만나는 사이가 될 수밖에 없었다. 필경 두 사람은 에르네스토 부모의 전례를 따라 사회적 관습들을 넘어섰던 것으로 보

첫 사랑 마리아 델 카르멘 '치치나' 페레이라

이지만 이들의 관계는 이미 1년 전부터 에르네스토를 사로잡은 또 다른 정열로 인해 종착점에 부딪히게 된다. 그때부터 줄곧 그를 놓아주지 않은 여행에 대한 욕구가 그것이었다.

21세 청년 에르네스토는 1950년 초 작은 보조 모터가 장착된 오토바이로 아르헨티나 북부 지역을 여행하여 6주 동안 4500킬로미터를 달렸다. 그는 졸업시험을 통과했지만 의학 공부에 대한 관심은 이미 눈에 띄게 줄어든 상태였다. 당시 그는 아르헨티나의 저명한 알레르기 전공의 피사니 박사의 부에노스아이레스 소재 연구소에서 조수로 일하고 있었고 피사니 박사는 그에게 전도양양한 미래를 약속한 터였다. 그런 한편 그는 코르도바 시절 알게 된 알베르토 그라나도와 같이 새로운 여행 계획들을 짜고 있었다. 그들은 남아메리카 대륙 전체를 훑는 장기간의 여행을 꿈꾸고 있었다. 1951년 10월의 상황은 그 정도였다. 여섯 살 위인 알베르토는 한센병 요양소에 이미 취직이 되었고 에르네스토는 박사학위 시험까지 채 1년도 남지 않은 상황임에도 불구하고 그들은 가급적 빨리 여행을 떠나기로 결정했다. 두 달간의 치밀한 준비와 늦어도 1년 뒤에는 돌아와 공부를 끝마치겠다는 어머니와 에르네스토의 약속 끝에 두 사람은 1951년 12월 29일 코르도바를 출발했다. 목표지는 카라카스였고 운송

수단은 알베르토의 고물 오토바이인 노톤500, 일명 '포데로사2세'였다.

두 사람은 짐을 잔뜩 실은 채 부에노스아이레스에 있는 에르네스토의 부모에게 작별을 고한 뒤 마르델플라타 해변에서 여름방학을 보내고 있는 치치나에게 작별인사를 하기 위해 행로를 남쪽으로 크게 우회했다. 치치나에 대한 사랑도 에르네스토의 발길을 멈출 수는 없었다. 이 결정이 관계의 해소를 뜻한다는 것을 그도 예측하고 있었을 것이다. 치치나는 이 시기를 이렇게 회고했다. "그는 나를 자기 삶의 짐이 될 사람으로 여기는 것 같았다. …… 그는 자유롭기를 원했고 떠나가고 싶어했다. 그러니 이때 나는 필시 장애물이었을 것이다."(Castañeda, 1998, 51쪽) 훗날 게바라의 첫 번째 부인 힐다 가데아(Hilda Gadea)와 두 번째 부인 알레이다 마르쉬(Aleida March)도 똑같은 경험을 하게 된다.

첫 번째 라틴 아메리카 여행

두 젊은이는 수없이 구르고 마모되어 이미 심하게 파손된 '포데로사'를 타고 칠레 국경을 넘었다. 그러나 산티아고에서는 이 탈것을 아주 버려야 했다. 안데스를 넘기 전에 이미 돈이 떨어진 상태였기 때문에 그들은 도로변에서 일시적인 일을 구해 먹을 것과 숙소 비용을 해결했고 그렇지 못할 때는 손님을 친절하게 맞는 사람들의 호의에 기대야 했다. 때때로 우체국을 통해 집에서 보급을 받기도 했다. 하지만 집에서 부쳐온 짐은 대개 이들이 시도 때도 없이 소비하는 마테 차 정도였다. 마테 차를 마시는 습관은 게바라의 평생 동안 지속되었다.

오토바이를 처분한 뒤 그들은 주로 지나가는 짐차를 세워 북쪽으로 이동했고 이때 추키카마타에 있는 세계 최대 규모의 구리광산 한 곳을 방문하게 된다. 여기에서 그들은 광산노동자들의 비참한 생활조건을 목격했고 마침내 페루 관할 안데스에 위치한 쿠스코(Cuzco)와 마추픽추에 당도했다. 여행일지에 적어 넣은 분량이나 열정적인 어조로 판단해 봤을 때 고대 잉카 문명의 요새가 이들 여행의 정점이었다. 이들은 리마와 아마존 강, 한센병 요양소 산파블로를 거쳐 드디어 보고타와 카라카스에 기착했다. 여덟 달 만에 애초 설정한 여행의 목적지에 도달한 것이었다. 이들은 여기에서 헤어져 각자의 길을 갔다. 알베르토는 베네수엘라의 수도 인근의 한센병 요양소에서 좋은 보수의 일자리 제의를 받았다. 한편 에르네스토는 친척 아저씨의 소개로 마차 편으로 부에노스아이레스로 직행했다. 이것은 두 사람 모두에게 힘든 이별이었고 이 자리에서 에르네스토는 공부를 마치는 즉시 카라카스로 찾아오겠노라고 약속했다.

'라티노아메리카나' 105쪽 이하 참조

아르헨티나로 돌아온 게바라는 여행일지를 다듬고 그 첫머리에 이러한 고백을 붙였다. "이 기록을 쓴 사람은 아르헨티나 땅을 다시 딛는 순간 죽었다. …… 우리의 거대한 아메리카 대륙을 목적지도 없이 주유한 경험은 나를 엄청나게 바꾸어 놓았고 그 심대함은 내가 생각하는 정도를 넘어서는 것이었다."(LA, 19쪽) 이 대목은 흔히 그의 정치 행로의 시작을 표현하는 것으로 해석되어 왔고 실제로 그의 기록에는 분노하지 않을 수 없는 생활조건과 착취, 특히 인디오들의 생활상을 묘사하는 부분들이 이따금 나오는 것도 사실이다. 그러나 알베르토와 에르네스토는 어디까지나 울타리 밖 구경꾼에 지나지 않았다. 즉 그들의 시선에는 동정과 거리감이 뒤섞여 있었던 것이다. 오히려 게바라의 신경을 진정으로 자극한 것은 남아메리카 전체를 아르헨티나와 동일선상에서 이해할 수는 없으며 오히려 그와는 반대로 자신의 조국이 이 대륙에서는 예외라는 인식이었다. 이때 그는 처음으로 인디오의 라틴아메리카를 접한 셈이었다. 이 세계는 그를 매혹하는 동시에 여전히 낯설기도 한 세계였다.

> 우리가 여행한 모든 나라들 가운데 개인의 자유 권리가 가장 심하게 억압되고 있는 곳은 콜롬비아이다. …… 답답한 분위기. 콜롬비아 국민들이 계속 그렇게 살아가고자 한다면 그것은 그들의 문제일 뿐이다. 그러니 우리로서는 그 먼지 구덩이에서 빨리 발을 빼는 것이 상책이다.
>
> 1952년 7월 6일 보고타에서
> 어머니에게 보낸 체 게바라의 편지, LA, 170쪽

대학 졸업 부에노스아이레스로 돌아온 게바라는 서둘러 공부를 종결짓는 일에 착수했다. 성적은 중간 정도였지만 어쨌든 6개월 안에 열네 가지 시험을 마쳤다. 1953년 4월 11일 마지막 시험에 합격한 게바라는 당장 아버지에게 전화를 걸어 "에르네스토 게바라 박사입니다"라고 당당하게 말했다. 두 달 뒤 그는 공식적인 박사학위를 받았고 의사 면허도 얻었다. 하지만 대학 졸업이 주는 직업적 기회들이 그의 마음을 붙들지는 못했다. 그는 다만 의무를 마친 것이며 어머니에게 했던 약속을 이행한 것뿐이었다. 이제 다시 이곳을 박차고 떠나 알베르토 그라나도가 있는 베네수엘라로 향하는 데 걸릴 것이 없었다. 당시를 지켜본 사람들의 기억에 의한다면 이번 여행이 기한이 정해진 여행이 되지 않을 것임은 누가 봐도 확실했다. 어쨌든 귀향에 대해서는 일언반구도 없었다. 그러한 약속 대신 에르네스토 게바라는 1953년 7월 부에노스아이레스 역에서 그 특유의 열정적인 어조로 "아메리카의 병사 갑니다"라고 부모에게 작별을 고했다. 실제로 그는 그 뒤로 아르헨티나 땅을 딱 한 번, 그것도 불과 몇 시간 밟았을 뿐이다.

두 번째 라틴 아메리카 여행 청소년기 때 사귄 친구 카를로스 '칼리카' 페레르(Carlos 'Calica' Ferrer)를 대동한 이번 여행도 처음에는 첫 번째 여행과 비슷했다. 6주간 라파스에 있다가 쿠스코와 마추픽추, 리마를 다시 돌아본 후 그들은 9월 말경 에콰도르의 항구도시 과야킬에 당도했다. 라파스에서 알게 된 리카르도 로요(Ricardo Rojo)와 이곳에서 다시 만났다. 스물아홉 살 난 아르헨티나의 변호사 로요는 전투적인 반페론주의자였기 때문에 고국을 떠나지 않을 수 없었고 아르헨티나에서 온 다른 세 명의 망명자들과 함께 한창 혁명이 진행 중인 과테말라로 들어가기 위해 모색 중이었다. 이들은 게바라에게 같이 갈 것을 제안했고 게바라는 그 자리에서 승낙했다. 그는 알베르토 그라나도에게 이 사정을 알리고 나중에 베네수엘라로 찾아갈 것을 기약했다.

과테말라로 방향을 튼 게바라의 결정 자체는 그의 모험 욕구를 반증해 주는 사례에 더 가까워 보인다. 그러나 이때부터 여행의 성격은 바뀌기 시작했다. 즉 좌파, 사회주의, 공산주의 그룹들과의 접촉이 차츰 잦아졌던 것이다. 이야기 상대의 논조가 급진적이면 급진적일수록 젊은 아르헨티나 의사는 더더욱 깊은 인상을 받았다. 게바라가 여행일지에 기록해 둔 대화의 장면들이 이를 단적으로 말해 준다. 그가 추구하는 모험은 바야흐로 정치적인 성격을 띠어 갔다. 게바라가 과테말라에 들어간 1953년 성탄절 직전은 마침 과테말라 정부의 대미를 직접 체험할 수 있는 적기였다.

과테말라 시기

'불사신의 신비한 예감' 110쪽 이하 참조

민주적 선거를 통해 대통령에 선출되어 1951년부터 임기를 시작한 자코보 아르벤츠 구스만(Jacobo Arbenz Gusmán)은 전임자가 시작한 토지개혁에 박차를 가하고 유휴 토지에 대한 보상을 통해 국유화를 진행하고 있었다. 이 조치는 무엇보다도 많은 중앙아메리카 나라의 최대 지주였던 미국 기업 유나이티드 프루츠 컴퍼니에 타격을 주었다. 이러한 토지개혁과 아울러 아르벤츠 정부 요직에 몇몇 공산주의자가 포진하고 있던 상황 때문에 과테말라는 미국 외교정책의 표적으로 점점 집중되고 있었다. 1953년에서 1954년으로 해가 바뀌는 시점에 미국 CIA가 공공연히 지원하는 쿠데타의 조짐은 점차 강해져 가고 있었다.

게바라는 도착한 지 며칠 되지 않아 과테말라 정부기관에서 일하고 있는 페루 출신 사회주의자 힐다 가데아를 알게 되었다. 그녀는 이 아르헨티나 남자를 정부 추종세력 및 정치적 신조를 같이하는 망명자들과 접촉하게 해주는 것으로 그치지 않고 여타 모든 일에서 그를 보조해 주었다. 일자리를 구해 줘서 경제적으로 돕거나 잦고 심한 천식발작 때문에 누워 휴식을 취해야 하거나 음식을 엄격히 가려 먹어야 할 때 그를 간호해서 건강 면에서도 도움을 주었다. 너무나도 명백한 가데아의 애정에 대해 그는 그에 걸맞게 대응하지는 못했지만 어쨌든 이러한 도움에 대해 고마운 마음은 품고 있었다. 더구나 당시 그가 처한 상황은 그로서는 익숙하지 않은 상황이었다. 그는 더 이상 이곳을 지나쳐 가는 여행객이 아니라 현지에서 돈을 벌어서 생계를 꾸려야 하는 처지였다. 그러나 직업을 구하려는 수많은 시도들은 모두 실패로 끝났다. 여기에는 직업적 출세를 이유로 공산당 입당을 한사코 거부한 그에게도 원인이 없지 않다. 게바라가 공산주의의 고전인 마르크스와 레닌, 스탈린, 마오 등을 점점 깊이 열독했고 또 이 시기에는 점차 "소련에 대한 공공연한 지지와 열광을 표했던 것"(Castañeda, 1998, 93쪽)으로 봐서 그의 공산당 입당 거부는 이데올로기적 이유 때문은 결코 아니었다. 끝이 보이지 않는 기다림과 아무것도 할 수 없는 상황은 게바라를 점차 불평불만과 화로 넘치게 만들었다. 이 나라를 떠나 유럽이나 소련, 또는 중국으로 다시 여행을 하고 싶다는 생각으로 끊임없이 고민했다.

미국 CIA와 외교부의 지원 하에 육군대령 카스티요 아르마스(Castillo Armas)가 쿠데타를 일으킴으로써 이러한 상황은 종료됐다. 6월 18일 아르마스는 불과 400명을 인솔하고 온두라스를 출발해서 과테말라로 진격했다. 게바라는 의무대와 청년여단에 자원하고 무조건 최전선에 보내 줄 것을 요청했다. 하지만 이를 거부당한 게바

> 요 며칠 아주 즐거웠다고 털어놓아야 할 텐데 그렇게 선뜻 말이 나오지 않아요, 어머니.. 이전 편지에서 이야기했던 이 알 수 없는 느낌, 절대로 다치거나 죽지 않으리라는 느낌, 그 덕택에 저는 상공에 전투기가 모습을 보이자마자 또는 단전으로 온통 칠흑 같은 도시에 총격의 소리가 울려 퍼질 때 사람들이 미친 듯이 내달리는 광경을 유유자적 지켜볼 수 있었습니다.
>
> 1954년 7월 4일 체 게바라가 과테말라에서
> 어머니에게 보낸 편지, MG, 140쪽

라는 폭격을 당한 수도에서 생애 첫 전투를 경험하게 된다. 전쟁을 처음 겪는 스물여섯 살 난 청년 게바라는 특별나게 불안해 하지는 않았던 것 같다. 아르벤츠 대통령이 일주일도 채 못 돼서 자국군의 압력을 받고 하야하고 힐다 가데아를 포함해서 게바라의 친구 몇몇이 체포되었을 때 게바라는 아르헨티나 대사관에 보호를 요청했다. 하지만 고국으로 이송해 주겠다는 대사관 측의 제안은 거절했다. 두 달을 기다린 끝에 그는 멕시코 비자를 얻을 수 있었다.

그러나 멕시코에서도 과테말라에서 겪었던 지루한 기다림의 생활이 또다시 시작되었다. 사진사와 여러 병원을 전전하는 임시직, 정치적 논쟁, 관료주의에 대한 분노 그리고 석방 후 멕시코로 이주한 힐다 가데아와의 불분명한 관계 등 모든 것이 그대로였다. 그런 와중에 힐다의 임신은 그의 삶에 일정한 연속성을 가져다 주었다.

힐다 가데아와 결혼

두 사람은 1955년 8월 18일 멕시코 시 인근에서 결혼식을 올렸고 1956년 2월 15일 힐다 베아트리츠가 태어났다. 게바라는 딸의 출생을 매우 기뻐했지만 아내에 대한 감정적인 유대에는 별 변화가 없었다. 그에게 가데아는 어디까지나 존경하는 동지였고 이러한 관계는 그의 미래 설계에 아무런 역할도 하지 못했다. 게바라는 1956년 11월 카스트로의 군대와 함께 쿠바로 떠나는데 가족과의 분리는 그보다 훨씬 전에 결정된 일이었다.

1954년 말에 이미 게바라는 멕시코에서 망명 쿠바인 몇 사람을 알게 된다. 이들의 자의식과 자신의 혁명적 이상에 열광하거나 다른 사람들을 이에 열광하게 만드는 능력에 게바라는 상당히 감명을 받았다. 게다가 이 쿠바인들은 1953년 7월 26일 쿠바의 독재자 풀겐시오 바티스타(Fulgencio Batista)를 무너뜨리려는 쿠데타를 감행한 이후로 탁상공론에 그치지 않고 말에 행동을 따르게 하는 혁명가로 간주되고 있는 터였다. 몬카다 병영을 습격했다가 실패하고 체포된 경험이 있는 지도자 피델 카스트로는 특히 그런 면모가 두드러진 인물이었다. 수감된 정치범에 대한 일반사면으로 풀려난 뒤 카스트로도 멕시코로 와 바티스타를 무너뜨리기 위해 가능한 한 빠른 시일 내에 소규모 침투군을 조직해서 쿠바로 되돌아가겠다는 뜻을 곧바로 천명했다. 카스트로는 자신의 계획

피델 카스트로와 의 첫 만남

을 뒷받침해 줄 멕시코와 미국, 쿠바 출신 사람들과 접촉하고 이들을 연결하는 데 골몰하고 있었다.

게바라와 카스트로가 처음 만난 정확한 시점에 관해서는 지금까지도 의견이 분분하다. 1955년 7월과 9월 사이라는 것만 확실하다. 보는 즉시 공감대를 느꼈고 그 날 밤새도록 토론을 벌였다는 두 사람의 추후 진술은 일치한다. 다음날 아침 게바라는 의사로서 쿠바 혁명 계획에 동참하기로 결심을 굳혔다고 한다. 그렇지만 1956년 봄까지 게바라는 누차 여행 가능성을 생각했던 것으로 봐서 아직도 일말의 의구심은 남아 있었던 것으로 보인다. 어쨌든 카스트로와의 만남은 틀림없는 일대 전환점이었다. 카스트로의 부동의 신념과 소모적일 정도의 추진력이 게바라의 방랑적 삶에 의미와 목표를 준 셈이었다.

1956년 4월 쿠바 침공 계획은 새로운 국면에 접어들었다. 미래의 혁명가들이 멕시코 시에서 겨우 60킬로미터

1956년 멕시코에서 의 게릴라 훈련

떨어진 찰코의 외딴 농장에서 스페인 내란에 참여했던 퇴역 육군대령 알베르토 바요로부터 사격과 생존훈련, 육박전과 강행군 등을 포함한 본격적인 군사훈련을 받게 된 것이었다. 게바라도 이 훈련에 참가해서 최고의 성적으로 훈련을 마쳤다. 그러므로 찰코에서 최종적으로 주사위가 던져졌다고 해도 과언이 아니다. 게바라로서는 천식과 고지대라는 악조건을 이기고 탁월한 신체 능력을 입증하는 경험을 했기 때문이다. 또한 처음에는 용병대를 만들 셈이냐며 외국인을 대장으로 임명하는데 불평을 토로했던 동료들이 점차 자신을 신임하게 되는 과정도 경험했다. 이때부터 그는 모든 이에게 '체'라고 불리게 된다. 이 명칭은 "사람을 부를 때 항상 '체'라는 호칭을 앞에 붙이는"(Taibo 1997, 91쪽) 아르헨티나 사람들의 습관을 조롱하는 것이기도 하고 또 우러러보는 것이기도 했다. 게바라가 이러한 별칭을 얻은 것이 처음은 아니었다. 그러나 이번에 붙여진 '체'는 그에게 영예로운 이름이었고 그는 이 이름을 죽는 시점까지 아주 자랑스럽게 지니고 다녔다.

> 내게 '체'는 내 삶에서 가장 중요한 것에 대한 표식이다. 또한 내가 가장 사랑하는 것을 지칭하는 명칭이기도 하다. …… 그에 비하면 그 이전의 모든 것, 나의 이름, 나의 성은 사소한 것에 지나지 않는다. 개인적이며 하찮은 것들일 뿐이다.
>
> 체 게바라, James 2002, 129쪽

6월 훈련소에 사건이 있었다. 카스트로 그룹이 쿠바 당국의 요청으로 기습 체포되었다. 2주 뒤 비자 만료의 명목으로 체포된 게바라와 칼릭스토 가르시아(Calixto García)를 포함해서 전원이 풀려났는데 아마 뇌물을 주었던 것으로 보인다. 게바라는 심문을 받을 때 공산주의에 대한 신념을 공공연히 발설해서 당시 외국, 특히 미국의 개입을 염려하던 카스트로의 화를 돋우었던 것 같다. 이 상황에서 게바라는 카스트로에게 자신의 석방을 위해 돈과 시간을 낭비해 거사 계획을 통째로 위험에 빠뜨리지 말라고 신신당부한다. 그러나 카스트로는 자신의 투쟁 동지를 석방시키기 위해 온갖 수단을 다 동원했고 카스트로의 이러한 태도를 게바라는 신의의 맹세로 받아들였다.

두 달간의 구금 끝에 드디어 이 아르헨티나인은 즉각 이 나라를 떠난다는 조건 하에 석방되었다. 하지만 그는 동료들 집으로 잠적했다. 이때부터 카스트로는 일을 서둘렀다. 11월 23일 낡은 모터 요트를 구입하고 새 무기들을 구한 카스트로는 즉각 멕시코만 툭스판 근처로 집결하라는 명령을 모든 참가자들에게 내렸다.

신화의 주춧돌:
시에라마에스트라에서 카스트로와 함께
(1956~1958년)

1956년 11월 25일 새벽 두 시경 모터 요트 '그란마'는 피델 카스트로의 지휘 아래 82명을 태우고 멕시코 항구 툭스판을 떠났다. 이것은 장차 쿠바를 완전히 뒤바꾸어 놓고 '사령관 체'라는 신화의 초석을 놓을 거사의 시작이었다.

그러나 이보다 더 나쁜 출발은 있을 수 없었다. 원래 정원이 15인을 넘지 못하도록 되어 있는 이 보트는 그야말로 과적 상태였다. 격랑이 이는 바다에서 뒤집히는 사태를 피하기 위해 식량 거의 전부와 의약품 일부를 바다에 버렸다. 대원 대부분이 배멀미에 시달렸고 선체는 물이 새고 모터는 잘 돌아가지 않았다. 진군 속도는 애초의 계획보다 턱없이 느렸고 선상의 대원들은 카스트로 군의 상륙에 때를 맞춰 일으키기로 되어 있던 동맹 조직들의 봉기가 이미 분쇄되었음을 라디오를 통해 해상에서 들어야 했다. 12월 2일 아침 쿠바의 동부 지방 시에라마에스트라 근처 로스콜로라도스 해안이 마침내 눈에 들어오는 순간 '그란마'는 해안을 2킬로미터 앞두고 좌

시작부터 닥친 파국

초해 버렸다. 수시간이 지나서야 지친 원정대는 맹그로브 늪지를 통과해서 마침내 육지에 다다를 수 있었다. 그러는 동안 그들의 도착은 감지되었고 쿠바 군 비행대가 사격을 가해 왔다. 방향도 모르는 채 사흘을 헤맨 끝에 그들은 급기야 알레그리아델피오 인근에서 정부군의 기습 공격을 받았다. 이은 총격전에서 반군 상당수가 죽거나 부상당하고 체포되었다. 남은 사람들은 작은 그룹으로 나뉘어 주변 사탕수수밭으로 뿔뿔이 흩어지고 서로 연락마저 끊겼다.

게바라 역시 목에 총탄이 스치는 부상을 입어 잠시 죽음을 생각하기도 했던 이 전투에서 나중에 인구에 회자되는 사건이 일어났다. 동지 하나가 도망 중에 탄약 상자를 놓고 온 사건이었다. 이때를 두고 게바라는 이렇게 이야기했다. "내가 맡은 의약 임무를 좇아야 하나 혁명군으로서의 임무를 좇아야 하나, 이때가 아마 난생 처음 진정한 딜레마에 처했던 때였을 것이다. 내 앞에 의약품이 가득 든 배낭과 탄약 상자가 있는데 두 가지를 다 들고 가기에는 너무 무거웠다. 그래서 나는 탄약 상자를 집고 의약품 배낭은 놓아두었다."(AW 2, 20쪽) 이러한 선택에도 불구하고 이후 수개월간 그의 첫 번째 임무는 여전히 군을 의학적으로 보조하는 것이었다.

12월 말 '그란마'의 생존자 15명은 시에라마에스트라에 집결했다. 이들은 그 사이 합류한 소수의 농민들을 포함해서 게릴라 군대를 조직했다. 초반의 파국적 상황에도 불구하고 카스트로의 낙관적 태도는 변함이 없었다. 남은 병력을 파악한 뒤 카스트로는 "총 7기, 이제 전쟁에서 우리의 승리는 너무나도 확실하다!"(EH, 106쪽)라고 선언했다. 그러나 빽빽한 밀림으로 뒤덮인 산맥 시에라 마에스트라에 도착한 뒤 몇 주 동안 이들이 싸워야 할 상대는 적이 아니라 목숨의 연명 그 자체였다. 식량과 물, 의약품도 충분하지 않은데다 매복한 정부군의 손아귀에 들어갈지도 모른다는 공포감 또는 토착 농민들에 의해 밀고당할지도 모른다는 염려에 쫓겨 이들은 주둔지를 끊임없이 옮기지 않을 수 없었고 이러한 상황에서는 어쩔 수 없이 강행군이 따르게 마련이었다. 게바라는 또 빈발하는 천식과 싸워야 했다. 한번은 천식 때문에 동지 한 사람과 뒤처져서 무기를 내주어야 했는데 그로서는 "이 나날들이 시에라에서 겪은 시간 중에 가장 괴로운 시간이었다."(AW 2, 86쪽) 또다시 그러한 상황에 빠지지 않기 위해 그는 혼신의 힘을 다했다.

프랑크 페이스(Frank País)가 이끄는 비합법 저항조직 '운동 7월 26일'과 접선이 이루어지고 이들로부터 새로운 병력과 무기를 입수한 뒤 카스트로 주변의 상황은 나아졌다. 이 조직의 이름은 카스트로가 1953년 몬카다

쿠바 게릴라 부대의 시작

병영을 습격했다가 실패한 날짜를 딴 것이었다. 이 단체의 도움으로 어느 정도 안정적인 보급망과 정보망이 구축될 수 있었다. 카스트로는 군사 차원의 전쟁 수행과 심리전의 이중 전략을 능숙하게 구사했다. 라플라타에서 벌인 첫 전투에서 승리한 직후 카스트로가 정부군의 도덕성을 와해시키기 위해 생포한 적의 부상병들을 잘 돌봐주고 방면한 것은 바로 그의 능숙한 전략을 방증하는 것이었다.

아군과 적군 그리고 이후에는 차츰 일반 농민까지 포함해서 의료를 제공하는 것이 게바라의 임무였는데 적은 의약품과 경험을 가지고 능력껏 수행해야 하는 임무였다. 그러나 그토록 오래전부터 꿈꿔 온, 혁명에 복무하는 의사의 역할을 전투 게릴라의 역할로 바꾸고 싶은 욕망이 그를 점점 세차게 내몰았다. 아내 힐다에게 보낸 1957년 2월 28일자 서한에는 이런 구절이 있다. "난 잘 지내고 있소. 피에 목마를 뿐이오."(Anderson, 2002, 185쪽) 이 대목은 가족에게 보낸 거의 모든 편지에 다 나오는 극단적인 표현의 하나일 터이지만 전투에서 자기 존재를 입증하고 두각을 나타내고 싶은 바람의 표현이기도 했다. 5월 경기관총 사용이 허용되었을 때 그는 드디어 직접 전투에 참여할 수 있게 된 것을 뛸 듯이 기뻐했다. 전투 현장에서 그는 태연자약했고 이따금 지나치게 무

1957년 7월 게바라의 베레모에 게바라를 상징하는 별이 붙었다. 게바라의 사령관 임명

모하게 행동해서 동료들로부터 목숨을 가볍게 내던지지 말라는 경고까지 들어야 했다. 7월 그는 사령관으로 진급했다. 사령관의 상징으로 그에게는 작은 붉은 별이 주어졌고 훗날 베레모에 부착된 이 붉은 별은 그를 상징하는 표식이 된다. 이와 동시에 그에게는 자기 부대를 통솔하는 지위가 맡겨졌다. 이러한 승진으로 게바라는 게릴라 부대에서 카스트로 다음 가는 제2인자가 되었다.

사령관 임명

> 우리는 모두 가슴 속에 허영심 한 자락을 지니고 있다. 그날 나 자신이 세상에서 가장 당당한 인간이라는 느낌을 받은 것은 바로 그 허영심의 발로였다.
> 체 게바라, 《쿠바 일기》, AW 2, 139쪽

1957년 5월 말 수차례의 소규모 전투와 엘우베로 병영 습격이 있은 후 정부는 시에라마에스트라에 있던 정부군 기지를 철수했다. 이로써 처음 6개월간의 '유랑기'는 끝나고 게릴라군은 아주 제한된 영역이지만 '해방된' 지구를 처음으로 관할하게 되었다. 이제 필요한 것은 이

시에라마 에스트라에서의 공산주의적 삶

러한 승리를 공고히 하는 것이었다. 즉 효과적인 보급망과 정보망을 구축하고 근소하나마 기반시설을 마련하는 것이었다. 여기서 게바라가 맡은 결정적인 임무는 소규모 병원시설, 빵 굽는 화덕, 돼지와 닭을 키우는 작은 농장, 구두방, 재단소 그리고 자신이 유탄 제조 실험을 할 '무기공장'을 차근차근 조성하는 것이었다. 그 외에 농민들의 일을 처리하고 이들과 농지개혁의 첫 단계를 어떻게 시작할 것인지 토의하고 농민과 다수 투쟁 동지들에게 읽기와 쓰기를 가르치고 신문 《엘 쿠바노 리브르(El Cubano Libre)》를 발행하고 반군 방송 '라디오 레벨데(Radio Rebelde)'를 설립했다. 그의 지칠 줄 모르는 열정, 자기 개인을 뒤에 두는 겸양, 도덕적 엄숙주의, 특히 평등주의의 실천은 게릴라와 농민들 사이에 그를 신화화하는 경외의 기류를 만들어 주었다. 바로 이 지점에서 훗날 '체의 신화'의 기초가 놓인 셈이다. 자기 사람의 전부를 요구하면서 그 자신이 실천할 수 없는 것은 절대로 요구하지 않았던 지도자, 그것이 '신화 체'의 실체였다.

게바라에게 이 시기는 아마도 그의 생애에서 가장 행복했던 시기였을 것이다. 짧은 기간 동안 한정된 영토에서나마 '공산주의적' 공동체라는 자신의 이념을 실현할 수 있었기 때문이다. 수년이 지난 후까지도 그는 그 시절에 대해 이야기할 때면 열변을 토했다. "게릴라들과 농민들은 서서히 하나가 되어 갔다. 이 긴 여정의 어느 순간 그런 일이 실현되었는지, 또 어느 순간 선언이 생생한 현실이 되었는지, 그리고 우리가 농민들과 어떻게 뗄 수 없는 하나가 되었는지 말할 수 있는 사람은 아무도 없을 것이다. 내가 알고 있는 것이라고는 나 자신에 관한 것뿐인데 시에라의 농민들을 위한 저 대화 시간들을 통해 나의 결단, 즉흥적이고 조금은 시적이었던 나의 결단은 질적으로 전혀 다른 확고하고도 명철한 관점이 되어 갔다는 것이다. 시련을 겪으며 살아온 저 정직한 시에라마에스트라의 주민들은 자기들이 우리의 혁명 이데올로기를 만들어 내는 데 어떤 역할을 하게 될지 전혀 짐작도 하지 못했다."(AW 2, 90쪽) 이 마지막 문장은 게바라 전체를 아우르는 포괄적인 의미를 지닌다. 이후 게바라의 전투, 정치, 도덕상의 관념들 전체 그리고 그의 생활은 본질적으로 시에라마에스트라에서의 경험들에 의해 주조된다. 그는 혁명 중의 쿠바, 콩고, 볼리비아 등 전혀 다른 조건들이 지배하는 지역에서조차 이때의 관념과 생활을 원칙으로 승격시켰을 정도이다.

그러나 쿠바에서 게릴라전을 벌이는 시기에 이미 급진주의와 도덕적 엄숙주의는 혹독한 대가를 치러야 했다. 애당초 명령 거부나 탈영, 패배주의, 기밀 누설, 적을 위한 스파이 활동 등은 사형으로 정해져 있었다. 실제로도

혁명의 기율

게릴라군은 거침없이 사형 판결을 내렸다. 1957년 2월 17일 게릴라군이었던 최초의 배반자 에티미오 게라(Eutimio Guerra) 처형 현장에 있었던 그 누구도 오늘날에 이르도록 처형을 집행한 사람이 누구인지 발설한 사람은 없지만 아마도 게바라가 직접 처형을 집행했던 것으로 여겨진다. 아직 출간되지 않은 게바라의 전쟁일기를 요행히 볼 수 있었던 존 리 앤더슨(Jon Lee Anderson)은 다음과 같이 또렷이 기록된 부분을 발견했다. "그 사람들과 (에티미오)의 상황은 곤혹스러운 것이었다. 그래서 나는 이 모든 상황을 최종 판단해서 32구경 권총으로 그의 오른쪽 머리를 쏘았고 총알은 왼쪽 관자놀이를 뚫고 나왔다. 그는 잠시 그르렁거리더니 이내 숨이 끊어졌다."(Anderson, 2002, 192쪽 이하)

원칙적으로는 옳지 않지만 매번 사형을 집행하는 것이 올바른가, 아니면 집행유예의 성격을 띠는 가상적 처형을 대체로 적용하는 것이 올바른가 하는 의구심이 때로 게바라의 머리 속에도 움트곤 했지만 그는 혁명적 기율을 유지해야 하는 어쩔 수 없는 전시상황임을 들어 이러한 의구심을 눌러 버렸다. 혁명적 기율을 지키기 위해 신체적, 정신적으로 게릴라 임무 수행을 감당할 수 없어 보이는 개인이나 집단을 솎아 내어 집으로 돌려보내는 일도 빈번했다.

1957년 여름부터 1958년 봄까지의 상황은 잠정적인 평
형을 이루고 있었다. 정부군은 간헐적으로 반군이 장악
하고 있는 지역을 공격하는 데 그쳤고 게릴라군은 또 그
들대로 군을 재조직하고 공고히 하는 데 전력을 기울이
는 상황이었다. 이들은 아직 산중을 나와 평지에서 전투
를 수행하기에는 전력이 부족했던 것이다. 그러는 와중
에도 전선들은 새롭게 형성되고 있었다.

즉 카스트로가 이끄는 게릴라 부대 말고도 다른 반정부 **반정부 세력의**
무장 그룹들이 도시 지역에서 기습전과 사보타주, 암살 **분열**
등의 방법으로 쿠바 정부와 싸우고 있었다. 바티스타가
받는 압박은 점점 심해지고 있었는데 그것은 비단 군 작
전상의 실패 때문만은 아니었다. 반정부 세력과 동조자
로 추정되는 사람들에 대한 가혹한 보복조치들 때문에
정작 바티스타에게 무기를 공급해 주고 있던 미국조차
잠정적으로 그와 거리를 취하고 있는 상황이었다. 상황
이 이렇다 보니 반정부 세력 내부에서는 이후의 조치,
쿠바에 대한 전망, 거기에 더해 미래 권력 배분에 대한
논쟁이 격해질 수밖에 없었다. 체 게바라는 혁명에 대한
배반의 흐름을 감지하고는 '시에라'(카스트로의 게릴라 부
대)와 '라노'(도시 지역의 혁명가 집단) 사이의 대립이 거의
화해가 불가능하다고 판단하고 이에 대한 이견들을 수
합했다. 그리고는 시에라마에스트라의 게릴라를 무조건

지원하고 이들의 역할을 혁명의 전위로 인정할 것을 최종적으로 요구했다.

게바라 개인도 또 하나의 이데올로기적 쟁점에 직면하고 있었다. 즉 쿠바 공산당과 인민사회당(Partido Socialista Popular. PSP)에 대해 어떤 입장을 취할 것인가 하는 문제였다. 반정부단체들은 대체로 반공산주의의 입장을 취하고 있었다. 그렇다면 카스트로는 어땠는가? 카스트로의 입장에 대해 아르헨티나의 기자 요르게 리카르도 마제티(Jorge Ricardo Masetti)가 시에라마에스트라로 게바라를 찾아와 물었을 때 게바라의 대답은 다음과 같았다. "피델은 공산주의자는 아닙니다. 만약 그랬다면 우리에게는 최소한 무기가 더 많아졌겠지요. 어디까지나 이 혁명은 순수 쿠바적인 것입니다. 아니, 라틴아메리카적인 것이라고 말하는 편이 더 옳을 겁니다. 정치적인 관점에서 피델 그리고 그가 펼친 운동은 '혁명적 민족주의'라고 규정할 수 있을 것입니다. …… 그리고 공산주의를 가장 많이 비판한 사람은 바로 접니다."(Anderson, 2002, 260쪽) 두 사람에 대한 게바라의 판단은 옳은 것이었다. 물론 그는 공산주의를 비판했을 뿐만 아니라 공산주의에 대한 신념도 있었다. "교육을 통한 이데올로기 형성 과정 덕택에 나는 이 세계가 안고 있는 문제들에 대한 해법이 일명 철의 장막이라고 하는 것 뒤편에 있다고 믿는 부류에 속했다."(Castañeda, 1998, 136쪽) 그럼에도 불구하고 그는 항상 소련 공산주의에 대한 일정한 불신을 품고 있었다. 소련 공산체제가 관료주의적 면모를 보이고 노동자와 농민에 대해 거리를 두고 있다는 점을 그는 비판했다.

어쨌든 PSP와 접촉하는 것에 대해 게바라는 다른 동지들에 비하면 불안감이 훨씬 덜했다. 공산주의자들에 대해서도 그는 물론 협력의 조건으로 카스트로와 게릴라 부대에 복속할 것을 요구했고 거기에 그 특유의 이유를 달았다. "당신들은 깜깜한 감방에서 만신창이가 되어도 절대로 입을 열지 않을 간부들을 만들어 낼 수는 있다. 하지만 기관총 창고를 기습, 탈취해 올 수 있는 간부를 키워 내지는 못한다."(AW 2, 223쪽) 피델 카스트로는 게바라의 논거들이 일으킨 일파만파를 수습하는 데 진력했다. 약간의 협상 술책과 카스트로의 엄청난 권위가 아니었던들 반정부 세력을 다시금 규합하는 일은 이루어지지 못했을 것이다.

1958년 4월 9일 총파업이 실패로 끝나고 바티스타는 총공세의 태세를 취했다. 1만 명을 투입해 시에라마에스트라를 포위하고 5월 25일 공격을 개시했다. 한 달 안에 정부군은 반군 장악 지역의 90퍼센트를 점령했다. 그러나 더 이상의 진군은 없었고 전세는 다시 소강 상태에

공격과 반격

접어들었다. 게릴라군이 동원할 수 있는 무장병력은 약 300명밖에 되지 않았음에도 불구하고 바티스타의 군은 전투로 피폐하고 점차 기강이 해이해져 6주 후에는 산악지대에서 퇴각했다.

> 바티스타 군은 시에라마에스트라에 대한 금번 공격에서 지리멸렬 퇴각했다. 하지만 그들을 제압한 것은 아직 아니다.
> 체 게바라, 《쿠바 일기》 AW 2, 283쪽

카스트로는 자기 군에게도 또 적에게도 쉴 틈을 주지 않았다. 그는 즉각 동생인 라울과 게바라, 카밀로 시엔푸에고스(Camilo Cienfuegos)가 통솔하는 세 부대를 저지대로 보냈다. 게바라에게는 전략적으로 중요한 임무, 즉 전쟁을 최종 결정할 임무가 주어졌다. 쿠바 중부 지방 라스빌라스에 위치한 에스캄브레이 산으로 진군하여 모든 연결 통로를 끊고 쿠바 섬 전체를 갈라놓는 임무였다.

1958년 에스캄브레이 산중에서

그가 이끄는 부대는 148명의 병력으로 이루어져 있었다. 이 임무는 위험부담이 매우 컸기 때문에 전부 자원자들이었고 평균연령은 24세, 다수가 게바라를 맹목적으로 추종하는 청년들이었다. 1958년 8월 30일 그들은 출정했다. 대부분 늪지인 길도 없는 지역을 걸어서 통과했고 그런 가운데 곧 허기와 목마름에 시달리고 강행군과 질병에 지쳤고 또 끊임없이 발각되는 것과 함정에 빠지는 일을 염려해야 했다. 1년 반 전 쿠바에 상륙한 초창기 때와 조건이 똑같았다. 게바라가 부하들을 이끌고 6주간의 물리적, 정신적 간난을 겪은 뒤 마침내 목표 지점에 당도했다는 사실 하나만으로도 대단한 일이었다.

목표 지점에 도착한 후 게바라는 시간을 낭비하지 않았다. 능숙함과 권위, 준엄함으로 무장한 그는 에스캄브레이 지역의 사분오열된 반정부 세력을 규합하고 여기서도 시에라 시절의 엄격한 훈련을 시작했다. 농지개혁의 첫 조치들을 취하고 선로와 다리를 폭파하고 소규모 병영들을 습격하고 유랑하는 도적들을 철저하게 소탕했다. 이 지역이 전반적으로 게릴라의 장악 하에 들어오고 아직 바티스타 치하에 있는 쿠바 섬 서부로 가는 교통로를 전부 끊어 놓은 뒤 게바라는 아바나로 가는 데 마지막 남은 걸림돌인 그 지방의 수도 산타클라라로 진격했다.

주민 15만의 쿠바 중부 최대 도시인 산타클라라에는 최

결전

정예 병력 약 4000의 정부군이 주둔하고 있었다. 1958년 12월 29일 게바라와 400명의 게릴라가 이 도시로 진격해 들어갔다. 쿠바에서 치러진 전투 가운데 가장 피비린내 나는 3일간의 전투 끝에 반군은 정부군 진지를 차례차례 점령하고 정부에서 지원 병력으로 보낸 장갑 열차까지 장악했다. 풀겐시오 바티스타는 그해 마지막 날 밤 도미니카 공화국으로 피신했고 뒤이어 1959년 1월 1일 마지막 남은 그의 추종세력도 저항을 포기했다.

이 찬연한 승리, 특히 이 최후의 전투에서 게바라가 보여 준 집요함과 겸허하면서도 단호한 태도는 '사령관체'의 전설적 명성을 공고히 하는 계기가 되었다. 개선 행진을 벌이는 순간에도 그는 본래의 평등주의적 태도를 견지했던 것으로 전해진다. 젊은 투쟁 동지 몇 사람이 도주한 바티스타 추종자들의 자동차를 징발해서 아바나로 승리의 행진을 하려고 했을 때 게바라는 이들에게서 자동차 열쇠를 빼앗으며 이렇게 설명했다고 한다. "한 순간도 반군의 규율, 즉 타인을 존중하라는 규율을 깨뜨려서는 안 된다. 트럭이나 버스를 타고, 아니면 걸어서 아바나로 입성하라. 단 모두 같은 운송수단을 이용해야 한다."(Taibo, 1997, 272쪽)

'쿠바 일기'
115쪽 이하 참조

산타클라라 전투 그리고 게바라의 《쿠바 일기》로 마치 경전처럼 되어 버린 쿠바 해방전쟁 역사 기록 등을 보면 혁명의 성공이 일차적으로 게릴라 부대의 군사작전에 힘입은 것 같은 인상을 받게 된다. 시에라마에스트라에서 보듯 게바라가 무장투쟁을 이상화하며 지나치게 비중을 두었던 반면, 도시에서의 저항이 정치적, 조직적으로 뒷받침이 되었던 측면을 백안시하는 것은 다름 아니라 게릴라 조직의 자율성, 즉 오로지 의지력과 도덕, 훈련에만 의존하는 그러한 자율성을 암시하고자 하는 것이다. 이것은 훗날 콩고 그리고 특히 볼리비아에서 톡톡히 대가를 치르게 되는 치명적인 오산이었다.

CHE GUEVARA

관직과 지위:
장관 게릴라 (1959~1965년)

아바나 입성 1959년 1월 2일 오후 '바르부도(barbudos)', 즉 수염이 텁수룩한 게릴라들 부대가 처음으로 아바나에 입성했다. 수도의 주민들은 이들을 성대하게 맞았다. 그러고서 몇 시간 지나지 않아 게바라는 휘하 부대원들을 만났다. 이들은 아직 산티아고에 남아 있는 카스트로로부터 군 사령부로 향하라는 명령 대신 이 도시와 항구를 관장하는 철옹성 라 카바나로 가라는 명령을 받았다. 이러한 결정의 이유가 무엇이었든 바티스타 정권 붕괴 후 외국인이 비록 상징에 불과하지만 권력의 중심부를 장악하는 것은 좋을 게 없었을 것이다. 이 외국인을 구해 줄 조처가 곧 취해졌다. 새로운 헌법이 마련되고 2월 7일 이와 관련된 법령이 발효되었다. 최소한 1년의 기간을 게릴라 부대에서 사령관으로 투쟁한 경력이 있는 사람은 모두 쿠바 국민으로 인정하는 법령이었다. 이 법령의 대상자는 단 한 명, 바로 체 게바라였다.

라 카바나에서 승리한 후 곧장 새로운 군대 조직 작업에 들어갔다. 군대 조직 작업에는 병사들에 대한 이데올로기 및 문화 교육 외에도 바티스타 군의 숙청도 포함되어 있었다. 독재자의 수하에서 자행한 고문과 살인으로 기소된 사람들은 혁명재판에 붙여졌다. 겨우 21세의 경리이며 전사였고 게바라와 친한 오를란도 보레고(Orlando Borrego)가 이끄는 배심원들이 말 그대로 즉결재판을 진행했다. 매일 저녁 8시~9시 사이에 법정이 열리고 증인과 반대 측 증인의 증언을 들은 후 곧바로 형이 언도되었다. 사형 판결도 적지 않았는데 사형은 그날 밤 집행되었다. 처음 두 달 사이에 처형된 사람만 수백이었다. 체 게바라는 이러한 재판에 직접 관여하지는 않았다. 그는 미리 공소장을 살펴보고 카스트로에 의해 요새의 총사령관에 임명된 사람으로서 판결에 최종 서명을 했다. 이 때문에 망명 쿠바 언론에서는 게바라를 당장 '라 카바나의 도살자'로 칭했다. 그러나 정작 바티스타 독재 시절 2만 명이 희생된 쿠바 내에서는 피델 카스트로와 게바라의 처분이 많은 사람들에게서 이해와 동의를 얻었다.

> 총살 집행 부대가 수행한 처형은 쿠바 인민을 위한 필수불가결한 일이었을 뿐 아니라 쿠바 인민이 우리에게 맡긴 의무의 집행이었다.
> 체 게바라, 1959년 2월 5일자 아르헨티나인 루이스 페레데스 로페즈(Luis Peredes López)에게 보낸 편지에서, Anderson, 2002, 321쪽

가정 내의 문제들 게바라의 가족도 갑작스레 이 국면의 한가운데로 들어 오게 되었다. 막내아들 후앙 마르틴(Juan Martín)을 데리 고 게바라의 부모가 1월 9일 아바나에 도착했다. 에르네 스토를 마지막으로 만난 지 거의 6년이 흐른 시점이었 다. 재회의 기쁨은 컸지만 곧 분위기는 눈에 띄게 서먹 해졌다. 특히 아버지와 아들 사이는 더했다. 아버지 에 르네스토가 체에게 장래 직업의 문제를 걱정스럽게 거 론하자 아들은 냉랭하게 답했다. "내 직업인 의사로 말 하면 이미 포기한 지 오랩니다. 지금은 어디까지나 정부 건설 작업을 하고 있는 투사인 걸요."(Taibo, 1997, 280쪽) 1월 23일 힐다 가데아가 둘 사이에서 난 딸 힐디타를 데 리고 쿠바로 오면서 게바라의 개인적인 상황은 한층 더 복잡해졌다. 라스빌라스 전투 중에 체 게바라는 젊고 아 름다운 쿠바 여성 알레이다 마르쉬와 사랑에 빠졌기 때 문이었다. 부르주아 출신의 이 여성은 일찍부터 게릴라 군에 복무해 왔다. 라스빌라스 시절부터 늘 게바라 곁 을, 처음에는 동지 투사로서 그 후에는 비서로서 지켰 다. 힐다 가데아는 남편을 처음에는 혁명에, 이제 와서 는 다른 여성에게 빼앗겼다는 사실을 깨닫고 실망하지 않을 수 없었다. 그녀는 친구관계를 지속한다는 체의 제 안을 마지못해 받아들이고 쿠바에 잔류했다. 아마도 그 녀는 가깝게 있다는 사실에 기대를 걸었던 모양이지만 이들은 결국 5월 22일 이혼했다. 그로부터 두 주 후 체 게바라는 알레이다 마르쉬와 결혼한다.

개인적인 문제들에 관한 한 서툴렀던 게바라는 일에 매진했다. 매진할 수 있는 일로 말할 것 같으면 차고 넘쳤다. 시에라마에스트라 시절부터 이미 그랬지만 애초부터 게바라는 피델 카스트로 그리고 그의 동생 라울과 함께 쿠바 섬의 운명을 결정할 3인방의 하나였다. 아바나 입성 직후 곧바로 부르주아 민족주의에 가까운 정부가 구성되었고 마누엘 우루티아(Manuel Urrutia)가 대통령에 지명되었다. 그러나 본격적인 노선 변경은 카스트로 형제와 게바라를 주축으로 한 집단이 자기 집에서 비밀리에 만나는 데서 이루어졌다. 이때 급진적 조치들로 치달은 사람은 늘 라울과 게바라였고 그 반면에 피델 카스트로는 오히려 속도를 줄이는 역할을 했다. 이러한 광경은 원칙상의 불화가 아니라 일종의 분업이었고 이러한 분업 관계는 이후 6년간 지속되었다. 피델 카스트로는 단연 논란의 여지가 없는 우두머리, 게바라도 늘 인정한 우두머리로서 모든 사안의 최종 결정권을 쥐고 있는 인물이었다. 체는 혁명 이데올로기의 추진 동력, 또 흔히 직설화법을 구사하며 외교적 차원의 고려는 거의 하지 않는 급진주의자 역할을 맡았다. 게바라의 타고난 성향을 고스란히 보여 주는 이 저돌적 행동 덕택에 피델 카스트로는 일단 뒤로 물러서서 국내외의 반응을 기다렸다가 대체로 수개월 후 게바라가 정해 놓은 안에 낙점을 해줄 수 있었다.

INRA의 장 그해 여름 3인방은 공식적으로도 쿠바의 정치적 요직에 앉았다. 피델 카스트로가 총리, 동생 라울이 국방장관 그리고 게바라가 새로 구성된 농지개혁 국가위원회(INRA)에서 산업부의 수장을 맡았다. 약간 관료주의의 냄새가 나는 이 수수한 직함은 껍데기에 불과했다. INRA는 쿠바 혁명의 중심체로서 그 안에서도 산업부는 가장 중요한 부서였다. 그로부터 얼마 지나지 않아 1959년 11월 26일 게바라는 국영은행 총재까지 겸하게 된다.

이렇게 해서 겨우 31세의 게바라는 쿠바의 경제발전에 결정적인 영향을 줄 수 있는 권좌에 올랐다. 게바라는 전문가적 식견은 없었지만 조금도 위축되지 않았다. 그는 경제학자와 재정 전문가들로 구성된 자문단을 주위에 포진시켰고 기본적으로 마르크스주의 고전들의 독서를 기초로 한 자신의 협소한 경제 지식을 심화시키기 위해서 매주 두 차례 수학과 경제학 수업을 받았다. 그러나 게바라가 이러한 공부를 통해 경제 전문가가 될 수 있다는 환상을 좇은 것은 전혀 아니었다. 그는 그런 것은 원하지도 않았다. 그가 경제 문제에서 결정을 내리는 것은 그보다 훨씬 원대한 정치적, 윤리적 목표의 차원에서 이루어지는 것이었다. 경제적 변화의 향방은 경제적 기준에서 결정되는 것이 아니라 오로지 그러한 변화가 쿠바에서 사회주의 건설과 새로운 인간의 창조에 기여할 수 있는가의 기준에서 결정되었다.

새로운 공적 직책들을 수행하면서도 게바라는 시에라마에스트라 시절 형성한 자신의 정체성을 잃지 않았다. 그것은 바로 게릴라라는 것이었다. 마치 게릴라 진지처럼 보이는 그의 집무실에서부터 그러한 면모를 읽을 수 있었다. 책상 외에 가구라고는 거의 찾아볼 수 없었고 그 대신 벽에 소총을 걸어놓았으며 그 주위에는 일단의 무장한 청년들, 즉 근위대가 상주했다. 그는 집무실에서나 공식석상에서나 자발적인 노력동원에서나 항상 올리브 녹색의 군복 차림이었다. 심지어 뉴욕에서 열린 유엔총회 연설 때에도 그 군복을 벗지 않았다. 청년기 에르네스토 게바라의 보헤미안적 태도와 사회관습을 무시해서

일상 업무

1964년 12월 유엔총회에서 게릴라 복장을 한 장관

사람들을 놀라게 하곤 했던 젊은 모험가를 생각나게 하는 면모가 이제 한층 더 심화된 모습으로 나타났다. 즉 언제 어디서나 혁명과 하나가 된 모습이었다. 한 걸음 더 나아가 투쟁하는 게릴라라는 그의 골간이 되는 요구를 일상의 노동에까지 적용하여 자신에게나 동지들에게나 무한한 희생의 자세와 혁명의 기율을 요구했다.

그 자신 또한 하루에 16~18시간 일했다. 언론인이든 장 폴 사르트르와 시몬느 드 보부아르 같은 지식인이든 외국에서 방문객이 찾아오면 대부분 자정이 훨씬 지난 시간에 자신의 집무실에서 이들을 맞았고 동이 터올 무렵까지 이들과 토론을 벌이곤 했다. 이러한 자리에는 시에라마에스트라 시절 맛을 들인 궐련과 마테 차가 빠지는 법이 없었다. 그는 시간의 정확성을 지나치리만치 세심하게 따졌고 자신의 공적 직책이나 명성에서 절대 물질적 이득을 취하지 않도록 거의 강박적일 정도로 신경을 썼다. 스스로에 대해서나 가족에 대해서나 마찬가지였다. 한번은 딸을 데리고 자전거포를 둘러본 일이 있었는데 아이의 성화에 못 이겨 그 관리인이 마침내 아이에게 자전거를 선물로 주려고 했다. 그때 게바라는 어떻게 인민의 재산을 선물로 내줄 수 있는지 그에게 따져 물었다. 그는 장관이나 국영은행장으로서 받게 되어 있는 봉급을 거절하고 예전과 똑같이 군대 대대장 급료로 만족했다. 이는 겸손의 몸짓 이상의 의미를 지니는 것이었다. 즉 자기 존재에 대한 이해를 드러내는 대목이었다. 그는 자신을 일차적으로 '사령관 체'로 생각했다. 예컨대 은행권에 서명을 할 때에도 간단히 '체'라고만 썼다.

특권의 포기

그러나 특권의 포기는 게바라 개인의 단순한 별스러운 성벽이 아니라 그의 도덕적 세계관의 핵심이었다. 그의 눈에는 물질적 동기는 혁명가 본연의 성격을 타락시키는 요인이었다. 물질적 유인이 인간 행위의 지배적 동인으로 남아 있는 한 진정한 공산주의 사회는 절대로 건설될 수 없다는 것이 그의 신조였다. 그러한 관점 하에 게바라는 준엄한 조치로 혁명의 기율을 강제하는 데 단 한 순간도 주저함이 없었다. INRA나 국영은행, 이후 산업부에서 같이 일하는 동료들 가운데 도덕적으로 죄과를 범한 사람은 직책을 그만두든가, 몇 주 혹은 몇 달간 자신의 결백을 증명해 보이기 위해서 '전선으로' 가거나 양자택일을 하도록 조치했다. '전선'이란 이러한 경우를 위해 특별 설치된 과나하카비베스(Guanahacabibes)의 죄수 수용소였다. 그 기간을 치르고 나면 다시 자기 자리로 복귀하는 것이 가능했다.

혁명에의 전적인 투신, 평등주의적인 태도, 금욕적 생활양식 등은 많은 사람들이 체 게바라를 사랑하고 찬미하게 만드는 요인이었고 숭배의 경지에까지 이르게 하는 경우도 적지 않았다. 시에라마에스트라 시절에서 이미 보았듯이 그에 대해 거의 광적이다시피 한 충성심을 보여 주는 사람도 적지 않았다. 그런 한편 많은 사람들에게 증오의 대상이 되기도 했는데 이 역시 사람들이 그에 대해 찬탄하는 바로 그 측면들에 기인한다. 그의 정치적 전망이나 도덕적 견해에 동의하지 않는 사람들뿐 아니라 단순히 쫓아가기에도 너무 힘들다고 생각하거나, 개인적인 여가나 쉬는 일요일을 바라는 사람들도 게바라를 증오했다. 이러한 사람들에 대해 게바라는 "혁명을 벗어나서 삶은 존재하지 않는다."(AW 6, 33쪽)라고 반박했다. 특정 상황에서는 물론 이러한 요구를 하는 사람이 하나라도 있으면 다른 사람들까지 일으켜 세워, 다른 모든 욕구들은 사그리 잊고 비할 데 없는 삶의 치열함에 동참하게끔 하는 것이 가능했다. 그러나 체 게바라의 강력한 카리스마에도 불구하고 궁극적으로 그러한 모범의 이미지는 일정한 거리를 전제해야 지속될 수 있는 것이었다. 게다가 그 자신조차도 스스로 내건 요구들을 늘 충족시킬 수 있는 것은 아니었다.

> 체 자신도 늘 항상적인 체일 수는 없었다. 그 역시 지칠 때도 있고 기진맥진해서 귀가하는 경우도 있고 또 자식들과만 지내고 싶을 때도 있었다.
> Haydée Santamaría, 반정부단체 '운동 7월 26일', Taibo, 1997, 378쪽 이하

게바라는 의지력, 혁명적 윤리와 기율 따위를 참된 혁명적 사회주의를 실현하는 열쇠로 여겼다. 물론 여기에 근

본적인 경제 변혁, 특히 생산수단 사유제도의 폐지가 더해져야 했다. 혁명적 사회주의 건설의 대열에 동참하고 있는 사람들 모두 사유제로부터 파생되는 딜레마를 처음부터 인식하고 있었다. 즉 광범위한 농지개혁이 시행되지 않고는 쿠바 혁명은 존재하지 않으며 그럴 경우 단순한 정권교체에 불과하게 되리라는 것을 알고 있었다. 그런데 역으로 이름에 값할 정도의 토지개혁이 이루어지면 미국과의 대결을 피할 수 없다는 것이 문제였다. 불과 몇 년 전 과테말라의 자코보 아르벤츠를 치기 위해 군부가 미국 CIA의 지원 하에 쿠데타를 일으켰던 예가 명명백백하게 보여 주는 대로였다.

이러한 기로에서 게바라는 미국과의 대결을 택했다. 그는 토지와 산업, 은행, 무역 분야에 대해 단계적으로 국유화하는 조치를 집요하게 밀고나갔다. 일련의 조치들 그리고 또 새로운 조치들이 꼬리를 물고 이어지는 가운데 1960년 10월 들어 쿠바와 미국의 관계는 1단계 최악의 상태에 도달했다. 미국은 교역봉쇄 결정을 내린 뒤 불과 얼마 지나지 않아서 이 카리브 섬에 대한 외교관계를 중지했다. 그리고 미주국가연합 OAS를 통해 쿠바를 제외한 라틴아메리카 국가들도 이 보이콧 조치에 따를 것을 촉구했다. 아메리카 전 대륙에서 정치적, 경제적으로 고립된다는 것은 쿠바의 생존과 직결되는 사태였다.

미국과의 대결로 가는 도정

생산한 설탕의 4분의 3을 미국으로 수출해 온 이 섬나라는 설탕 수출이 주요 생명줄이었다.

미국과의 대치에서 게바라는 이중 전략을 취했다. 하나는 사회주의 국가들, 특히 1950년대 중반 이후로 자신이 동경해 온 소련에 대한 접근을 강화하고 교역봉쇄의 돌파구를 여기에서 찾는 것이었다. 또 하나는 쿠바 경제구조를 근본적으로 바꾸는 조치였다. 급속하게 산업화를 추진해서 쿠바를 사탕수수 단일재배에 종속된 상황에서 빠져나오게 하고 산업의 집중화를 진척시켜 경제 발전 과정을 좀 더 합리화하고 계획화한다는 전략이었다. 비록 겉으로 보기에는 시간이 약간 지체되기는 했지만 카스트로가 이러한 조치들을 지지했음은 분명하다. 그렇지 않았다면 쿠바 혁명을 세계에 알리고 통상관계를 구축하기 위한, 몇 달간 지속되기도 했던 세계 순방사절로 하필이면 게바라를, 그것도 누차 파견하지는 않았을 것이다. 게바라가 펼친 방대한 순방 외교활동의 성과는 곧 눈에 보였다. 1960년 말까지 그는 연간 사탕수수 수확량 전부를 다른 나라에 팔았고 그럼으로써 주요 수입국이었던 미국의 공백을 메우는 성과를 거두었다.

그러나 이것은 잠깐의 승리에 지나지 않았다. 대부분 사회주의 국가들과 체결한 무역협정으로 쿠바 혁명은 점차 소련에 종속되는 길을 걷게 되었고 이는 나아가 대 미국 관계에 새로운 불씨가 되었다. 미국은 어떠한 경우에도 서반구에 공산주의의 영향력이 침투하는 것을 좌시하지 않겠다는 데 조금의 흔들림도 없었고 이는 공식석상에서도 천명되었다. 상황이 이러하고 보니 쿠바인들은 거의 매일 미국의 침공을 기다리는 형국이 되었다. 마침내 1961년 4월 16일에서 17일로 넘어가는 밤에 미국의 쿠바 침공이 감행되었다. CIA가 지원하는 망명 쿠바인들이 지롱 해안에 상륙했다. 몇 차례의 폭격으로 선제공격을 받은 카스트로는 1분도 지체하지 않고 20만 민병대를 동원해서 나흘 뒤 침입자들을 사살, 생포하거나 퇴각시켰다. '돼지우리' 작전은 완전한 참패로 끝났다.

그로부터 1년 뒤 여전히 승리의 기쁨에 젖어 있던 쿠바의 지도부는 크렘린의 우두머리가 제시한 위험한 안에 부닥치게 된다. 1962년 5월 30일 니키타 흐루시초프(Nikita Chruschtschow)는 쿠바 측에 핵미사일 일정 양을 포함하는 군사지원을 제안해 왔고 카스트로 형제와 게바라는 이 제안을 받아들였다. 이들은 군사협약의 실체를 공개하도록 촉구했지만 흐루시초프는 기밀에 붙일 것을 고집했다. 9월 15일 미사일 부품 첫 발송분이 일반 화물로 위장되어 쿠바에 입수되었다. 그로부터 한 달 뒤 미국의 정찰기가 미사일 발사 기지를 찾아냈고 일대 소동이 일었다. 미국 대통령은 쿠바에 대해 완전 봉쇄조치

쿠바 위기

니키타 흐루시초프를 예방한 게바라

를 내리고, 쿠바에서 핵미사일을 철수할 것을 소련에 최후통첩했다. 이 며칠간은 세계가 그야말로 핵전쟁을 코앞에 둔 급전직하의 상황이었고 급기야 흐루시초프는 10월 28일 핵미사일의 철수 결정을 내렸다.

의견 타진도 없었고 또 사전 통지도 없는 상황에서 통신사를 통해 이 소식을 접한 카스트로는 격분했고 쿠바는 세계 열강이 가지고 노는 공에 불과하다는 뼈아픈 사실을 깨달아야 했다. 게바라의 격노도 이에 못지않았다. 불과 수일 전 그는 설령 "수백만의 희생"(AW 4, 138쪽)이 나더라도 불가피한 경우 쿠바 혁명가들은 핵전쟁도 불사한다는 것을 포고한 터였다. 그런 상황에서 이러한 수모를 당하다니, 그것도 동맹국한테! 게바라에게 이 사태는 삶의 일대 전환점을 의미했다. 카스트로가 정치적, 경제적 강압에 굴복해서 1963년 2월 모스크바를 방문하고 새로운 무역협정에 서명한 반면 게바라는 서서히 그러나 꾸준히 소련에 거리를 두는 태도를 취하게 된다.

게바라는 자신이 세운 두 번째 대응전략, 즉 산업화와 쿠바 경제의 다각화에도 실패했다. 1963년 초 쿠바 경제 상황이 심각한 위기에 빠졌다는 것을 더는 묵과할 수 없는 지경이 되었다. 게바라는 최종적인 정치적 책임을 져야 할 주요 인물로서 자기비판을 통해 그때까지의 상황을 결산하고 그와 동시에 공세를 취하기 시작했다. 일련의 글들을 통해 그는 쿠바 경제정책의 원칙적 방향을 둘러싼 논쟁에 불길을 당겼다. 이것은 '계획논쟁'으로 불렸고 소련 경제 고문들의 이데올로기적 영향의 확대가 이 논쟁의 주요 표적이었다.

**'경제정책'
139쪽 이하 참조**

노동자와 농민이 더 높은 성과를 내도록 하는 자극제가 무엇인가 하는 문제에서 입장은 극명하게 갈렸다. 게바라는 임금상승이나 휴가, 현물 급여 같은 물질적 유인이 개인의 노동집중도를 올릴 수 있는 동인이 된다는 점에 대해 내키지는 않았지만 인정했다. 그럼에도 불구하고 그는 그러한 증여를 궁극적으로 정치적 타락의 유입 통로로 간주했다. 그래서 그는 물질적 유인 대신에 도덕적 유인에 온 희망을 걸었다. 그것은 근본적으로 혁명적 전위의 일원이라는 사회적 인정이었다. 그에 따르면 공산주의 사회의 건설은 인간 소외의 완전한 지양의 전제조

133쪽 이하 참조

건으로 부르주아적 개인주의의 해소를 요하는 것이었다. 그러한 사회가 도래하면 앞으로 창조되어야 할 21세기의 사회주의적 인간은 매일의 노동을 혁명적 의무로 파악하고 즐겁게 애정을 가지고 이 의무에 따르게 된다는 것이었다. 게바라에게 이러한 전망에서 핵심을 이루는 것은 자발적 노동이었다. 그는 혁명 원년부터 자발적 노동을 줄기차게 선전했고 또 이를 온전한 하나의 체계로 조직화했다. 그 스스로 선도적 모범이 되었고 일이 없는 일요일은 온종일을 거의 쿠바 일원에서 사탕수수 수확이나 항구에서의 선적 하역작업 또는 광산노동 등 자발적 노력동원으로 보냈다.

그는 자신의 건강뿐 아니라 가족도 돌아보지 않았다. 그는 알레이다, 1960년부터 1965년 기간에 이들 사이에서 태어난 네 명의 자녀 그리고 전 부인과의 사이에서 낳은 딸 힐디타를 위해 시간을 내는 일도 거의 없었다. 당시

> 제게는 집도 아내도 또 자식도 부모도 형제자매도 없습니다. 친구도 나와 정치적 생각이 같아야만 친구이지요. 그렇지만 저는 행복합니다. 삶에서 중책을 맡은 느낌이에요. 늘 어렴풋이 느껴온 강렬한 내면의 힘뿐 아니라 다른 사람들에게 영향을 줄 수 있는 자질도 있지요. 게다가 제가 맡은 사명에 대한 절대적 운명의 느낌이 있어서 저는 어떠한 두려움으로부터도 자유롭습니다.
>
> 인도에서 어머니에게 보낸 1959년 체 게바라의 편지,
> Castañeda, 1998, 205쪽

그를 지켜본 사람들은 게바라가 자녀들과 아주 다정하게 지내던 모습을 이야기하지만 그의 자녀들은 대부분의 시간을 아버지 없이 지내야 했다. 그 역시 가족들이 그리웠겠지만 이를 내색하는 일은 아주 드물었다.

게바라가 즐긴 단 하나의 비혁명적 악습은 장기에 대한 열정이었다. 약간의 틈만 나면 그는 경기에 참여하거나 장기 묘수풀이를 하거나 상대를 가리지 않고 장기를 두었다. 이러한 열정은 이따금 너무나도 어처구니없는 상황을 부르기도 했다. 1964년 12월 뉴욕에서 유엔총회에 그를 수행한 대표단이 취침한 사이 그는 호텔 객실 문 앞에서 보초를 서던 미군 병사와 장기판을 벌이기도 했다.

온몸을 내던져 혁명에 투신했고 일명 '계획논쟁'에서 자신의 경제정책적 입장을 맹렬하게 방어하면서 찰스 베텔하임이나 에르네스트 만델 같은 정통 마르크스주의 경제학자와의 논쟁도 불사했지만 1964년 말 게바라는 자신의 패배를 시인해야 했다. 그를 비판하는 사람들의 생각과 소련의 경제 모델이 피델 카스트로의 지원을 받아 관철되었던 것이다. 바야흐로 쿠바 시절 내내 그가 가일층 열렬하게 추진했던 것, 그리고 모든 것 중에 단연 그의 마음속에 가장 크게 자리 잡고 있던 것, 즉 쿠바 게릴라 부대의 수출을 숙고할 때가 왔던 것이다.

쿠바의 사례를 라틴아메리카 전체가 본받기를 바라는

> 139쪽 이하 참조

CHE GUEVARA

'게릴라전'
120쪽 이하 참조

마음을 게바라는 결코 숨긴 적이 없었다. 1960년 4월 그는 《게릴라전》이라는 저서를 출간한 바 있다. 피상적으로 보면 이 책은 게바라 자신이 쿠바 게릴라 부대에서 겪었던 경험들을 단순히 결산해서 일반화한 것에 지나지 않는다. 그러나 그로부터 3년 뒤에 출간한 《쿠바 일기》와는 달리 이 책에서 게바라는 이 시절의 개인적 체험들만 단순히 묘사하는 것으로 그치지는 않았다. 한마디로 《게릴라전》은 게릴라 전투의 전술, 전략과 기술을 알리기 위한 안내서였다. 이 책자의 도입 구절에서 그는 자신의 이론이 전 라틴아메리카에 적용될 수 있음을 숨기지 않고 천명했다. 훨씬 강고해 보이는 적군에 맞서서도 승리할 수 있음을 쿠바가 이미 보여 주었으므로 게릴라전을 시작하는 데는 훈련이 잘되고 조직이 잘된 소규모 그룹의 결연한 자세만 있으면 된다는 식이었다.

이 테제들은 '거점이론'으로 회자되었다. 왜냐하면 게릴라전의 시발이 되는 반란의 발화점(스페인어로는 'foco')이 이 테제의 구심점이 되었기 때문이다. 이 테제들은 정부를 무력으로 무너뜨리라고 부추기는, 라틴아메리카 민중 전체에 대한 거의 노골적인 도발이었다. 게바라가 개별 국가들의 내정에 간섭하고 있다는 비난의 목소리에 대해 그는 냉담한 반응을 보였다. 이들 국가의 기아와 빈곤의 책임은 궁극적으로 그에게 있는 것이 아니라 정부에 있다는 것이 그의 답변이었다. 증오의 씨앗을 뿌리는 자는 반드시 혁명을 거두게 되리라는 것이었다.

억압당하는 사람들에게는 무력저항의 권리가 있다는 비타협적인 주장과 국제적 연대에 대한 흔들리지 않는 신념 그리고 날로 날카로워져 가고 있던 반제국주의의 입장 등으로 게바라는 일약 유명해졌다. 국제사회에서는 게바라가 카스트로를 훨씬 앞질러 혁명의 화신으로 여겨졌다. 체 게바라는 이러한 이미지를 지키기 위해서라면 무슨 일이든 했다. 글을 쓰고 연설과 강연을 하고 또 외국에 수없이 드나들었다.

'국제주의'
126쪽 이하 참조

그는 결코 말로 그치지 않았다. 1961년 2월 12일 산업부 장관에 임명된 직후에 벌써 개인비서 호세 마누엘 만레사(José Manuel Manresa)에게 다음과 같은 견해를 표명했다. "우리는 향후 5년간 이곳에 머물 것이다. 그리고

> 쿠바 혁명가들에게는 "아메리카 대륙 곳곳에, 더 나아가 세계 곳곳에, 우리의 말에 귀 기울이는 사람들이 있는 곳이면 어디에나 혁명의 불길을 퍼뜨려야 할 의무가 있습니다. 또 호세 마르티가 '다른 사람의 운명을 자기 것으로 느끼는 자만이 참다운 인간일 수 있다'라고 우리가 항상 명심해야 할 한마디 명제로 요약했듯이 세계 도처에 만연한 궁핍과 착취와 불의에 대해 촉수를 세워야 할 의무가 있습니다. 바로 이것이 세계 온 민중에 대한 혁명적 태도의 핵심이 되어야 합니다."
> 1963년 9월 29일 체 게바라의 연설, AW 6, 154쪽 이하

나서는 떠날 것이다. 우리가 다섯 살이 되었을 때에도 여전히 게릴라 부대를 만들 수 있다."(Taibo, 1997, 427쪽) 쿠바 위기 때 겪은 소련에 대한 환멸, 모스크바에 대한 피델 카스트로의 즉각적 화해 그리고 1963년 초부터 누적되어 온 경제정책의 실패 경험 등이 아마도 과거 자신이 했던 이 말을 다시 떠올리게 하는 데 상당한 역할을 했던 것 같다. 1963년 가을 게바라는 친구인 언론인 요르게 리카르도 마제티를 아르헨티나로 보내 게릴라 거점을 마련하도록 했다. 이 거점을 추후에 자신이 넘겨받거나 친한 사람에게 맡길 요량이었다. 하지만 그 일은 이루어지지 않았다. 마제티의 부대는 제대로 활동을 하기도 전인 1964년 4월 아르헨티나 정부군에 궤멸당했던 것이다. 마제티는 원시림에서 실종되었다. 이 소식을 접한 게바라는 낙담에 빠졌다. 그는 풀이 죽어 옛 친구이자 여행 동료였던 알베르토 그라나도에게 이렇게 털어놓았다. "내 부하들이 내가 지시한 출격으로 죽어 가고 있는데 나는 여기 책상머리에 앉아 있다니, 빌어먹을."
(Anderson, 2002, 516쪽)

쿠바를 떠나다 게바라는 1964년 여름 쿠바를 떠나 다시 전투를 개시하기로 최종적으로 결심한 것으로 여겨진다. 쿠바인들의 지원으로 라틴아메리카 여러 지역에서 펼친 게릴라 활동이 벽에 부닥치자 가능한 작전 지역으로 아프리카가 떠올랐다. 특히 콩고는 전 대통령이며 아프리카 좌파의 희망이었던 파트리스 루뭄바(Patrice Lumumba)가 살해되고 나서 게바라의 연설에 등장하는 빈도가 잦아졌다. 1964년 12월 유엔을 방문한 뒤 쿠바와의 작별 수순이 시작되었다. 뉴욕에서 그는 직접 우방 알제리로 향해 벤 벨라 정부를 방문했고 이후 몇 주간에 걸쳐 아프리카의 여러 나라를 신속히 돌아보며 콩고에 게릴라 거점을 개시하는 것을 지원할 수 있는지를 공공연히 탐색했다. 그는 중국을 잠시 방문한 뒤 1965년 2월 아프리카 아시아 연대회의에서의 연설을 위해 다시 알제리로 돌아왔다.

이 연대회의에서의 연설은, 수행한 사람들의 전언에 따르면, 즉흥적인 것이 결코 아니었다. 그것은 엄밀히 계산된 것이었고 어느 정도 이목의 집중을 겨냥한 것이었다. 그에게서 늘 들어온 국제적 연대에 대한 요청, 미 제국주의에 대한 공격 외에도 그는 저개발 국가와의 통상 관계에서 자신의 경제적 이해를 우선적으로 고려하는 사회주의 국가들에 대해서도 공격의 화살을 쏘며 이들 나라가 제국주의와 공모하는 것을 비난했다. 이 자리에서 그가 굳이 나라 이름을 지목하지는 않았지만 이 연설이 일차적으로 소련을 겨냥한 것임은 누가 봐도 분명했다. 바로 이것이 쿠바 위기 직후 모스크바가 제출한 '평화공존' 구호에 대한 게바라의 대답이었다. 쿠바가 소련에 경제적으로 예속되어 있던 형편을 고려하면 게바라는 알제리 연설을 통해 쿠바 혁명의 일상으로의 귀환 가능성을 의도적으로 단절하려 했던 것이 아닌가 여겨진다.

1965년 3월 15일 다시 아바나 공항에 발을 디딘 그는 아내 알레이다와 피델 카스트로, 라울 카스트로의 영접을 받았다. 인사를 마친 후 곧바로 게바라는 피델 카스트로와 함께 시내로 가서 여러 시간에 걸쳐 이야기를 나누었다.

카스트로와의 결별:
정글로의 귀환 (1965~1967년)

게바라가 돌아온 뒤 며칠 동안 정확히 무슨 일이 있었는 지는 여전히 수수께끼로 남아 있다. 대화를 나누었던 당사자들 모두 지금까지 이 문제에 대해서는 입을 굳게 다물고 있기 때문이다. 피델 카스트로가 알제리에 간 게바라를 그리 탐탁하게 여기지 않았으리라는 추정은 가능하다. 그래서 카스트로가 게바라를 한동안 사람들의 관심선상에서 끌어내려 아예 권좌에서 밀어내려고 했는지 아니면 거꾸로 게바라가 새로운 게릴라 운동에 몸 바칠 수 있도록 허락을 촉구했는지, 피델과 체 사이에 이견과 논란이 있었는지 아니면 두 사람이 합의 하에 서로 다른 길을 갔는지, 이 모든 것은 예나 지금이나 생각해 봐야 할 문제이다. 혹자는 게바라가 아프리카 여행 중에 이미 쿠바에서 떠날 준비를 했다는 견해를 옹호하기도 한다. "아프리카에서 흑인들을 지휘하는 이방의 백인 지도자는 타잔 흉내 정도로 밖에 이해될 수 없다"(Castañeda, 1998, 353쪽)는 이집트 대통령 나세르의 경고에도 불구하고 그는 대화를 나눈 많은 사람들에게 콩고를 무대로 개

카스트로와의 이견

인적 차원에서의 참여를 생각해 볼 수 있음을 내비치곤 했다.

이유야 어찌되었든 게바라는 얼마 지나지 않아 대중의 시야에서 사라졌다. 그는 비밀리에 콩고 입성을 서둘러 준비했다. 불과 14일 뒤인 1965년 4월 2일 게바라는 다른 두 명의 쿠바인들과 함께 아바나를 이륙했다. 이때 그는 머리가 반쯤 벗겨진데다 안경을 쓰고 입에는 의치를 한 탓에 외모가 달라져 아주 친한 사람이라도 그를 영 알아볼 수 없을 정도였다. 이렇게 그는 가족과 친구, 정치적 동지 그리고 지난 수년간 자신이 결정적으로 운명을 결정해 온 나라, 그의 제2의 조국을 뒤로 했다. 게바라는 이제 드디어 외교적 고려를 조금도 할 필요 없이 다시 제국주의에 대해 게릴라 투쟁을 재개할 수 있을 것이라고 마음대로 상상했다. 그러나 곧바로 그의 상황은 늑대를 피하니 호랑이를 만난 꼴이 된다.

한편 그가 종적을 감춰 사람들의 눈에 띄지 않는 상황은 오래 지속될 수 없었다. 게바라는 대중의 시선을 한몸에 받아온 인물이었다. 친지와 친구, 지인들에게 한 달간 사탕수수 수확 현장에 자원해서 노력봉사를 간다고 미리 알렸지만 그 정도로 소문의 진원지를 오래도록 막아 둘 수는 없었다. 게바라가 신경쇠약에 걸려 정신병원에 있다고 믿는 사람들이 있는가 하면 체 사령관을 세계 각지에서 보았노라고 주장하는 사람도 나타났다. 심지어 그가 죽었다는 소문도 수차례 돌았다. 공식적인 발표는 게바라가 혁명을 계속 수행하는 데 도움이 되는 곳에 있다는 말이 전부였다. 소문이 멈추지 않자 피델 카스트로는 1965년 10월 3일 자신이 달갑지 않은 경쟁자를 제거했다는 계속되는 억측을 막기 위해 게바라가 자기에게 보낸 작별의 편지를 공개할 때가 되었다고 판단했다. 그러나 그가 있는 장소만큼은 발설하지 않았다. 그가 콩고에서 게릴라전에 참여하고 있다는 사실을 대중이 알게 된 것은 그로부터 20년도 넘은 시점이었다.

159쪽 이하 참조

> 당의 수뇌부 직책들, 장관직, 사령관의 지위, 쿠바 국적 따위 형식의 틀로부터 나는 물러나는 바입니다. 이제 나를 쿠바에 이어 주는 법적 장치는 아무것도 남아 있지 않습니다. 다만 직책과는 달리 절대로 해소될 수 없는 끈만이 남아 있을 뿐이지요. …… 세계의 다른 지역에서 나의 보잘것없는 노력이 투여되기를 요구하고 있는 시점입니다.
>
> 1965년 4월 피델 카스트로에게 보내는
> 체 게바라의 작별 서한, AW 5, 33쪽 이하

여러 중간 기착지를 거쳐 게바라는 14명의 쿠바인으로 구성된 부대를 이끌고 4월 24일 콩고 동부 지역에 도착했다. 추후 인원은 계속적으로 누적되어 130명까지 늘었다. 이곳은 다채로운 저항 세력들이 벨기에와 남아프리카공화국의 용병대 그리고 모이제 촘베(Moise

콩고 시기

Tschombé) 정부의 정규군에 대항해서 싸우고 있었는데 전세는 오락가락하는 상황이었다. 소련과 중국이 병력과 무기를 충분히 제공하고 있었기 때문에 병력과 무기 어느 면에서도 부족함이 없었음에도 불구하고 콩고에 대한 쿠바의 지원 임무는 전례 없는 파국으로 끝났다. 게바라는 자신의 밀입국을 통해 주로 외국에 있는 반군 지도자들에게 완결된 상황을 제공해 줄 수 있기를 내심 희망했다. 게바라가 반군 지도자들에게 끝내 자신의 정체를 털어놓았을 때 이들은 외교정책 및 개인적인 이유를 들어 그를 전선에서 되도록 멀리 떼어놓으려고 세심한 주의를 기울였다.

용병의 신분이 되기를 원하지도 않고 또 아는 체 나서기를 원치도 않았기 때문에 현지 사령관들 휘하에 들어갈 수밖에 없는 외국인으로서 게바라와 휘하 쿠바인들은 개개 분파들의 상이한 이해관계 사이에서 오락가락하는 노리개감 신세가 되었다. 몇 주 내내 방어 자세만을 취하라는 명령을 받는가 하면 또 나뉘어져 이 부대 저 부대를 전전하기도 했다. 처음에 쿠바인들이 보여 주었던 열정은 곧 처절한 각성에 자리를 내주고 말았다. 이들은 콩고의 반정부투쟁이 시에라마에스트라에서의 자신들의 경험 또는 게바라가 자신의 안내서에서 세운 게릴라전의 원칙들과 얼마나 관련이 없는지를 깨달았던 것이다. 다른 무엇보다도 콩고에는 게바라가 누차 요구한 혁명의 기율과 영웅적 희생의 자세가 없었다. 처음으로 전투에 투입된 후 불만이 속속 터져 나왔다. 즉 콩고인들은 첫 교전이 시작되면 허둥지둥 내빼고 전선에는 쿠바인들만 남을 것이라는 불만의 소리였다. 게바라의 동료들 가운데 실망과 환멸을 느낀 나머지 고국으로의 귀환을 허락해 달라고 간청하는 사람들이 점차 늘었다. 과거 투쟁을 같이했던 동지의 말에 따르면 격렬한 통분을 느꼈음에도 불구하고 콩고인들을 두둔했던 게바라도 피델 카스트로에게 보내는 편지에서 불만을 토로했다. "싸울 의지가 없는 나라를 오로지 우리 혼자만의 힘으로 해방시키는 것은 불가능합니다. 투쟁정신을 함양하고 디오게네스의 등불과 욥의 인내심을 갖춘 병사들을 찾아나서는 것이 급선무일 것입니다. 그러나 콩고인들에게서 일을 덜어 줄 준비를 하는 우리 같은 바보가 많으면 많을수록 더더욱 이행하기 어려운 과제이지요……"(AT, 184쪽)

> 여기에서 벌어지고 있는 일들을 참아 낼 수 있으려면 정말 냉혈한이 되어야 합니다.
> 1965년 10월 5일자 체 게바라가 콩고에서 피델 카스트로에게 보낸 편지, AT, 184쪽

투쟁의 태세가 되어 있지 않은 것을 보고 분노하고 조롱하는 심사는 일견 고개가 끄덕여지기도 하지만 그러한 태도는 콩고의 상황을 완전히 오판한 데 기인한 것이었다. 게바라와 같이 콩고에 갔던 비토르 드레케는 훗날

다음과 같이 시인했다. "당시 콩고인들이 구축해 놓은 무장에 의한 평화의 균형 상태를 우리 쿠바인들이 깨뜨린 꼴이었다. 그들은 무장을 하기는 했지만 아내와 아이가 있는 집에 머물러 있었다. 요컨대 그들은 전쟁 중이 아니었다."(Taibo 외, 1996, 118쪽) 게바라의 게릴라 이론에서 투쟁에서의 승리를 위한 불가결한 조건으로 들고 있는 게릴라와 농민층의 융합 따위는 콩고에서 일어나지 않았다. 게바라는 《아프리카의 꿈》에서 콩고 혁명의 좌절 역사를 아주 솔직하게, 또 때로 신랄한 반어로 묘사했다. 콩고 정권의 교체로 지금까지 반군을 지원하던 국가들은 마침내 콩고에서 외국 전투 인력의 전원 철수를 촉구했다. 카스트로는 게바라의 필요 판단에 따라 앞으로도 계속 물적, 인적 지원을 추가할 생각이 있음을 표시했음에도 불구하고 게바라에게 그 자신은 물론 그의 동지들을 쓸데없이 희생하지 말 것을 당부했다. 마지막 순간까지 절망과 죄책감과 싸우며 체 게바라는 더욱 빨리 쌓여만 가는 실패의 경험들 앞에 항복을 선언하고 1965년 11월 21일 도망치듯 콩고에서 철수했다.

그로부터 두 달간 탄자니아의 쿠바 대사관에 은신하는 도중 아내 알레이다가 다시 한 번 그를 방문했고 여기서 그는 자신의 경험을 기록했다. 그런 연후 그는 프라하로 갔다. 아프리카에서 쌓인 신체의 피로에서 회복된 후 그

'아프리카의 꿈' 144쪽 이하 참조

는 새로운 게릴라 계획들을 세웠다. 피델 카스트로가 이미 게바라의 작별 서한을 공개한 이후였기 때문에 쿠바로 돌아가는 것은 곧 체면의 손상을 의미했다. 그는 새로운 표적으로 아르헨티나를 지목했다. 카스트로는 이에 단호히 반대했고 게바라는 완전히 쿠바 비밀 정보기관에 예속되어 있는 존재였기 때문에 카스트로가 제안하는 대안에 끝내 동의하지 않을 수 없었다. 비밀리에 쿠바에 잠시 기착한 후 게바라는 볼리비아 게릴라 거점 구축에 들어가게 되어 있었다. 이렇게 해서 1966년 게바라는 신분을 숨기고 제2의 고국에 돌아왔다. 여기에서 그는 대중에게서 철저히 차단된 채 콩고의 경우와 비슷한 패배 가능성을 배제하기 위해 정예부대를 선발해서 훈련하는 일에 즉각 착수했다.

그러나 볼리비아에서의 게릴라 작전은 처음부터 조건이 나빴다. 마지막 순간에 작전 지역이 바뀌었다. 애초에 계획했던 북서부 대신 남동부로 향했는데 이곳은 길도 없고 인구도 희박한 산악지대로 식량과 물도 거의 없는 지역이었다. 게다가 작전이 시작되기도 전부터 잠재적인 지원 세력들, 특히 마리오 몬예(Mario Monje)가 이끄는 볼리비아 공산당과의 논쟁이 기다리고 있었다. 이러한 논쟁에 휘말려 게바라는 결국 볼리비아에 도착했을 때 전투 훈련을 받은 정예를 만날 기회를 놓쳤고 또 신

볼리비아 시기

임할 수 있는 인원을 서둘러 별도로 보충할 필요도 사라져 버렸다. 도시 지하조직을 통한 병참 지원의 조직화 정도도 미흡했다. 급기야 물적 조달도 충분치 못했다. 즉 무기도 예상보다 미비했고 특히 그가 작전을 수행하기에는 무선 통신장비가 전혀 맞지를 않았다.

1966년 11월 7일 냥카후아추(Ñanc ahuazu) 주둔기지에 도착한 연후에야 알게 된 이러한 온갖 장애요소들도 그를 뒤로 물러서게 하지는 못했다. 체포되는 날까지 게릴라 부대의 모든 활동들을 세세하게 기록한 《볼리비아 일기》를 보면 게바라가 즉각 자기 부대의

체의 뛰어난 변장술. 1966년 11월 볼리비아의 라파스에 도착한 첫날 코파카바나 호텔에서 자동 카메라로 찍은 자화상

조직 정비와 인력보강 작업에 얼마나 열심히 골몰했는지를 알 수 있다. 이후 1월 31일자 일기는 다음과 같은 진전을 기록했다. "이제 본격적인 게릴라 활동 단계의 시작이다. 우리는 실전을 통해 부대를 시험할 것이다. 그러면 우리 부대가 무엇을 할 수 있는지 그리고 볼리비아 혁명의 전망은 어떤지를 시간이 말해 줄 것이다." (AW 5, 81쪽) 다음날 아침 게바라는 3분의 1이 쿠바인인 겨우 50명의 게릴라들을 이끌고 정찰 및 훈련 행군에 돌입했다. 3주를 기약한 행군은 7주로 연장되었다. 부대는

길이 없는 지대에서 줄곧 칼로 나무를 쳐내 길을 내야 했고 지도와 현지에 대한 사전 지식이 부족해서 번번이 길을 잃곤 했던 것이다. 게바라는 과거 쿠바에서와 똑같이 동지들에게 육체 능력의 한계까지 가는 노력을 요구했다. 처음에는 좋았던 분위기가 날이 갈수록 눈에 띄게 나빠져 갔다. 3월 20일 이들이 지친 몸으로 어느 정도 해이해져서 마침내 돌아왔을 때 뒤처진 병력의 부주의로 그들의 존재가 볼리비아 당국에 알려졌음을 게바라는 확인해야 했다. 3일 후 첫 무력충돌이 벌어졌다. 이것은 게바라가 일기에서 고백했듯 너무 이른 전투였다. 이 첫 전투는 게릴라 부대의 압도적 승리로 끝났음에도 불구하고 이들은 이미 노출된 이 지역을 서둘러 떠나지 않을 수 없었다.

이후 몇 주, 몇 달간 이어진 상황은 여러 면에서 쿠바 게릴라 부대의 최초 국면을 생각나게 한다. 즉 알지 못하는 지역을 목표도 없이 헤매고 배고픔과 목마름, 질병에 시달리고 또 토착 농민들에 의해 신고를 당할지도 모른다는 두려움에 늘 시달려야 했다. 그러나 10년 전과는 달리 이번에는 이 '유목의 국면'을 넘어서는 데 성공하지 못했다. 그 근본적인 이유는 게릴라 부대가 이중으로 고립된 데 있었다. 성급한 출정으로 외부세계와의 접촉이 완전히 끊겼던 것이다. 수년에 걸쳐 볼리비아에서 연

'볼리비아 일기'
149쪽 이하 참조

락망 구축 작업을 해온 독일계 아르헨티나 여성 타마라 붕케 비더(Tamara Bunke Bider, 일명 '타냐')는 자기 신분을 노출하고 게바라의 부대에 합류했다. 또 다른 두 사람의 중요한 연락책 아르헨티나인 치로 부스토스(Ciro Bustos)와 프랑스인 레지 드브레이(Régis Debray)가 얼마 지나지 않은 시점에 체포되었다. 기술 부족으로 라파스나 아바나와의 무선 교신도 중지되었다. 더욱 나쁜 것은 게릴라들이 이 지역에서조차 고립되어 있다는 사실이었다. 농민들은 소극적인 태도를 보이거나 심지어 적대적인 자세를 취하기도 했다. 수개월 내내 게릴라 부대에 합류하거나 게릴라 부대를 위해 일하는 현지인은 단 한 명도 없었다. 게릴라전에 대한 생각을 정리하는 자리에서 게바라는 다음과 같이 쓴 바 있다. "이러한 방식의 전투를 주민의 지원 없이 실현하고자 한다면 그것은 피할 수 없는 파국으로 치닫는 첫 걸음일 뿐이다."(AW 1, 25쪽) 장차 그가 옳다는 것이 판명된다.

그러지 않아도 어려운 상황에서 게바라는 전술상의 실수까지 더했다. 4월 20일 그는 기존의 부대를 나누었는데 전쟁이 끝나는 시점까지 이들은 다시 합치지 못했다. 그 결과 그가 쓸 수 있는 병력은 고작 24명에 불과했다. 시에라마에스트라에서 피델 카스트로가 취한 것과는 달리 게바라는 군사적 목표들에 대한 공격 결정을 내리지 못하고 늘 방어적 자세만을 취했고 비록 능숙하게 몇 차례 승리를 거두기도 했지만 매복 기습 전술만을 썼다. 이러한 전술로 거둔 승리는 때로 지나치게 과도한 희망을 갖게 하는 한편, 순전한 자기존재의 확인 차원을 한 발짝도 넘어서지 못하고 문자 그대로 동일 원을 뱅뱅 돌고 있다는 사실을 잊게 만드는 것이었다. 부대원들의 물리적, 정신적 힘이 떨어질 때면 항상 그들의 혁명적 윤리에 호소하곤 했다. 그는 게릴라전 계획의 의미에 대한 근본적인 회의는 결코 허용하지 않았다.

> 이러한 방식의 전투는 우리에게 혁명가, 곧 유적 존재로서의 인간의 최고 단계가 될 수 있는 길을 열어 준다. 그것은 우리가 인간으로서 존재할 수 있는 길이기도 하다.
> 체 게바라, 《볼리비아 일기》, 1967년 8월 8일, AW 5, 207쪽

게릴라 부대가 그토록 오래 버틸 수 있었던 것은 게릴라들을 철저히 뒤쫓겠다는 정부군의 자세가 초기에 그다지 확실치 않았던 데도 기인한다. 이러한 상황은 미국이 볼리비아 정부의 대 게릴라 전사 600명의 훈련을 지원하기 위해 24명의 특수요원을 파견하면서 비로소 바뀌게 된다. 아울러 볼리비아에서 게릴라 부대를 지휘하는 사람이 누구인지에 대한 의문도 이제 사라졌다. 이 시점부터 "반란 세력을 진압하기 위한 볼리비아 정부군의 출정은 인간 사냥으로 바뀌었다. 국내의 모든 자원은 단

체 게바라 사냥

하나의 목적을 위해 투입되었다. 즉 체 게바라를 사살하거나 생포하는 것이었다."(Castañeda, 1998, 462쪽) 이제 모든 상황은 신속하게 진행되었다. 점점 지쳐 가는 게릴라들 주위로 포위망이 좁혀져 왔다. 1967년 9월 26일 라히게라(La Higuera)에서 정부군이 후방을 칠 때 반군 세 명이 죽고 두 명이 투항했다. 잔여 병력은 협곡으로 몰렸다. 이들은 이곳에서 11일을 더 버텼지만 단 여섯 명의 게릴라만이 포위망을 뚫고 나가는 데 성공했다. 게바라는 10월 8일의 전투에서 부상을 입고 생포되어 이튿날 볼리비아 대통령 바리엔토스(Barrientos)의 명령에 따라 사살되었다.

죽음과 부활 (1967년)

게바라가 체포되고 사살될 때까지의 짧은 기간에 정확히 무슨 일이 있었는지에 대해서는 굵직한 게바라 전기 작가들인 존 리 앤더슨, 요르게 카스타네다(Jorge Castañeda), 파코 이그나시오 타이보 2세(Paco Ignacio Taibo II) 등의 광범위한 탐색 작업이 있었음에도 불구하고 40여 년의 세월이 흐른 현재까지도 낱낱이 밝혀지지 않고 있다. 개인적, 정치적 이해관계와 매스미디어의 이해관계들이 얽혀 이 이름 높은 사령관 체의 마지막 순간과 그가 남긴 마지막 말에 대해서는 천차만별의 내용이 돌아다니고 있고 그것마저도 또 수십 년이 흐르는 과정에서 누차 보완되고 변조되어 왔다.

확실한 것은 게바라가 10월 8일 오후 유로(Yuro) 협곡 상단 지역에서 다른 동료 한 사람과 함께 생포되었다는 사실이다. 당시 게바라는 심한 다리 부상을 입어 혼자 걸을 가능성이 없는 상태였다. 게바라가 자기 이름을 밝힌 뒤 이 사실은 무전기를 통해 발레그란데의 볼리비아 특공대 사령부로 전송되었다. 곧이어 육군 중령 안드레

최후의 순간

스 셀리크(Andrés Selich)가 헬리콥터 편으로 와서 신분 확인을 하고 다른 두 명의 게릴라와 함께 게바라를 인근 마을인 라히게라로 이송했다. 그런 다음 셀리크는 앞으로 취해야 할 조치를 발레그란데로 문의했다. 이곳 특공대 사령부도 이 유명한 포로의 운명을 결정할 엄두를 내지 못하고 라파스의 군 최고사령부로 이 문제를 이송했고 최고사령부는 다시 대통령에게 이러한 정황을 알렸다.

결정이 미루어지는 사이 게바라는 포박된 채 학교 건물에 감금되었고 이곳에서 최소한의 치료를 받았다. 그는 완전히 입을 다물지는 않았지만 자신의 게릴라 부대에 대한 상세한 정보를 털어놓지는 않았다. 결국 그를 심문하려는 시도는 곧 중지되었다. 저녁 내내 오래전부터 전설이 된 이 인물을 가까이에서 보기 위해 볼리비아 군 장교와 사병들이 줄을 이어 학교를 찾았다. 이 시골학교 여교장도 게바라에게 먹을 것을 가져다 주는 일로 그를 만날 수 있었다. 그 외의 이 지역 주민들은 그를 찾아오지 않았다.

이튿날 새벽 특공대 사령관 호아킨 첸테노(Joaquín Zenteno)가 라히게라에 도착했다. '돼지우리' 침공 작전에 참가했던 망명 쿠바인이며 당시 CIA 요원으로 일하고 있던 펠릭스 로드리게스(Félix Rodríguez)도 헬리콥터에서 내렸다. 체 게바라의 신원이 확실하다고 판단한 그는 무전기를 통해 어디론가 알 수 없는 말을 전송했다. 그런 다음 그는 특수 카메라로 체 게바라의 숙소에서 찾아낸 문서들을 찍기 시작했다. 여기에는 게바라가 꼼꼼하게 일지를 적어 넣은 두 개의 메모용 달력도 있었다. 로드리게스도 그를 심문하려고 했지만 뜻을 이루지 못하자 뒤로 물러나 게바라와 같이 사진을 찍는 것으로 일을 끝냈다.

정오 무렵 라파스로부터 체 게바라를 처형하라는 명령이 하달되었다. 현장에 있던 장교들과 CIA 요원은 이 결정에 대해 동의하지 않았다고 진술하고 있다. 위로부터의 명령이었음에도 불구하고 처형을 자원할 사람을 구해야 했다. 세 명의 전우가 죽은 데 대해 복수를 하고자 했던 하사관 마리오 테란(Mario Terán)이 임무를 자청했다. 1967년 10월 9일 13시 10분 테란은 학교 교사로 들어가 체 게바라를 사살했다.

> 자신들의 해방을 위해 투쟁하는 민중에게 유일한 해결책은 무장투쟁뿐임을 확신하며 저는 이러한 제 생각을 철저히 따르고 있습니다. 많은 이들이 나를 모험가라 부릅니다. 그렇습니다. 저는 모험가입니다. 다만 특수한 부류의 모험가, 즉 자신의 옳음을 입증하기 위해 자기 목숨을 내놓는 부류에 속하는 모험가입니다.
> 1965년 4월 체 게바라가 부모에게 보낸 작별 편지, AW 5, 35쪽

CHE GUEVARA

시신의 공개 그의 시신은 헬리콥터의 착륙용 활주부에 묶여 발레그란데로 이송된 뒤 염습을 했다. 이곳 염습소에서 관대에 안치된 다음날 그의 시신은 위용에 찬 모습으로 운집한 언론인들에게 공개되었다. 일단 게바라는 전투 중에 죽은 것으로, 또는 전투 중에 부상을 입고 곧바로 절명한 것으로 공식 발표되었다. 유명한 혁명가의 묘소는 통상 순례지가 된다는 사실을 익히 알고 있던 볼리비아 당국은 그의 시신을 신속히 없애는 길을 택했다. 그렇지만 게바라의 신원 확인에 한 점 의혹이 없도록 하기 위해 그의 머리를 베어 라파스로 보내는 안도 잠시 고려되었다. 그러나 세상에 야만적이라는 인상을 줄 것을 염려해서 이 안은 폐기되었고 그냥 지문을 채취한 뒤 양 손을 잘라 포름알데히드 용액에 보존 처리했다. 그날 밤 시신을 비밀리에 치우고 소각했다는 발표가 있었다. 이튿날

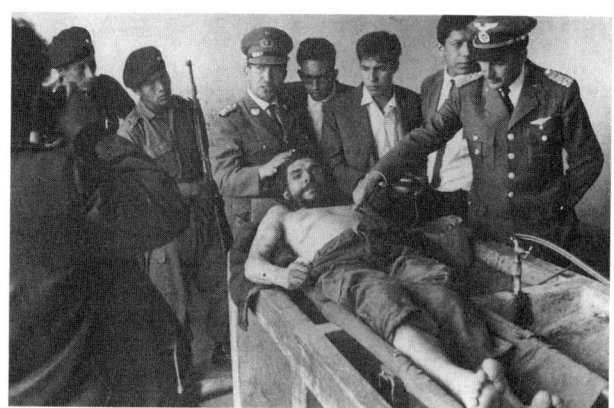

1967년 10월 10일 발레그란데에서 공개된 시신

로베르토 게바라가 형의 신원 확인을 위해 발레그란데에 도착했을 때는 이미 게바라의 시신은 알려지지 않은 장소에 매장된 뒤였다.

그로부터 28년이 지난 뒤에야 당시 현장에 있었던 한 사람이 다물었던 입을 열었다. 1995년 11월 퇴역 대위 마리오 바르가스 살리나스(Mario Vargas Salinas)가 존 리 앤더슨과의 대담에서 당시 게바라의 시신을 소각한 것이 아니라 발레그란데 비행장 근처에 매장했다고 밝혔다. 그 즉시 아르헨티나인과 쿠바인들로 구성된 전문가단이 볼리비아로 향했다. 1997년 7월 이들은 마침내 체 게바라 매장 장소를 찾아내 유해를 쿠바로 이송했다. 석 달 뒤 그의 유해는 게바라 최대의 군사적 승리 현장인 산타클라라에서 성대한 장례식을 치른 뒤 그를 위해 특별히 조성된 묘역에 최종 안치되었다.

체 게바라의 죽음에 대한 준공식적인 확인은 아바나에서 이루어졌다. 아바나에서는 피델 카스트로가 체의 아내 알레이다와 함께 《볼리비아 일기》 몇 편의 사본을 훑

> 죽음이 언제 우리를 찾아오든 환영이다. 투쟁을 외치는 우리의 함성이 열린 귀를 만나고 또 한 손을 뻗어 우리의 무기를 쥔다면, 그리고 다른 사람들이 기관총의 연발음, 새로운 투쟁과 승리의 함성으로 장송곡을 부른다면.
> 체 게바라, 〈세계 민중에 고함〉, AW 4, 231쪽

162쪽 이하 참조

어보고 게바라의 글씨체와 문체가 맞음을 확인했다. 1967년 10월 15일 카스트로는 TV 연설을 통해 자신의 투쟁 동지의 죽음을 알렸다. 사흘 뒤 그는 아바나에서 수십만 인파가 운집한 가운데 추도연설을 했다. 그는 이러한 상실을 애도하는 한편 "장기적으로 체의 죽음이 씨앗이 되어 그의 뒤를 따르고 결연하게 그를 본받을 많은 사람들이 나오기를" 희망했다. 카스트로는 게바라가 "착취당하고 억압받는 이들, 가난한 이들 그리고 단적으로 인간의 구원을 위해" 볼리비아에 자신의 피를 쏟았다는 말로 연설을 마감했다.(AW 1, 20쪽 이하)

카스트로의 연설 안에 그리스도라는 인물에 대한 암시가 암암리에 들어 있음은 별로 놀랄 일이 아니다. 마르크스주의를 신봉한 게바라 자신도 혁명 투쟁을 정신적으로 고양시키기 위해서 때로 종교적 어휘를 즐겨 사용하기도 했다. 그러나 정작 예수 그리스도와의 비교는 전혀 예기치 못한 진영, 즉 볼리비아 군인들이 그 토양이 되었다.

생포 당시 체 게바라는 완전히 방치된 사람의 모습이었다. 옷은 누더기였고 몸은 더럽고 마른데다 길게 자란 머리칼이 마구 뒤엉킨 모습이었다. 로드리게스와 함께 찍은 그의 사진이 수십 년 뒤에야 공개되었는데 당시 그의 모습을 단적으로 보여 준다. 군 지도부가 그들의 전

리품을 속속 발레그란데로 날아오는 언론인들에게 공개하기로 결정했을 때 눈앞의 사체가 체 게바라의 시신이 맞는지 의심하는 사람이 적지 않으리라는 염려를 했는데 그것은 당연했다. 그래서 그들은 사체를 세심하게 닦고 수염과 머리칼을 자르기로 결정했다. 한마디로 이것은 무수히 많이 돌아다니는 그의 초상, 전 세계가 알고 있는 모습으로 그를 다시 만드는 조치였다. 그렇게 해서 연출된 사람은 이제 어디를 봐도 추격에 쫓기고 완전히 기운을 잃은 패배한 인간이 아니었다. 오히려 그는 죽은 자의 눈으로 앞에 있는 사람들을 위에서 굽어보는 것처럼 보였다. "태연하고 영웅적이며 침착하고 아름답고 평화로운 모습이었다."(Castañeda, 1998, 486쪽) 이 사진은 그로부터 며칠 사이 전 세계를 돌게 된다.

이미 1967년 10월 10일 기자회견 자리에서 염습소에 두 명의 동지들과 같이 안치되어 있는 체의 시신이 마치 십자가에서 내린 그리스도의 모습처럼 보인다는 말이 돌았다. 프랑스 신문 《파리 마치》의 특파원 장 라르트귀는 한 농민이 앞으로 나오더니 성호를 긋고는 세 구의 사체에 시선을 둔 채 "하나님 용서하소서. 하마터면 두 도둑 사이에 있는 그리스도라고 믿겠나이다"라고 말했다고 보도했다. 이러한 그리스도와의 비교는 오늘날에 이르도록 '신화 체'를 만드는 요소로 작용했고 지금도 라틴

216쪽 이하 참조

아메리카의 가난한 가정에는 게바라의 사진이 다른 성화들 사이에 걸려 있는 예가 많다.

피델 카스트로는 1967년 10월 18일 아바나에서 열린 추모식에서 체를 모범으로 이를 따르는 사람이 가능한 한 많이 나오기를 희구했다. 30년 뒤 게바라의 딸 힐다는 TV 인터뷰에서 자부심에 찬 어조로 이렇게 말했다. "특히 체와 그의 게릴라 부대가 전투를 벌였던 지역에서는 오늘날에도 많은 사람들이 그를 마치 신처럼 숭배하고 있는 것으로 알고 있습니다. …… 그들은 미구에 체가 환생하기를 희구하고 있습니다. …… 그들은 그가 환생해서 다시 옛날 모습 그대로 그를 죽인 사람들에게 복수하기를 바라고 있지요."

작품
Werk

엄격하게 따지면 에르네스토 체 게바라를 두고 저작을 말하기는 어렵다. 저작이라고 하기에 그가 남긴 글들은 너무 동떨어져 있다. 그 생전에 출간된 단행본은 단 두 가지, 입문서인 《게릴라전》과 《쿠바 일기》뿐이다. 초창기의 여행 기록들 그리고 게릴라 활동을 기록한 일기와 비망록들은 그의 사후에야 출간되었고 저 유명한 《볼리비아 일기》도 그 가운데 하나다. 그 외에도 무수히 많은 단편적인 글과 강연, 인터뷰들이 남아 있는데 이러한 게바라의 유산들은 근본적으로 세 개의 주제군에 모여 있다. 즉 국제주의와 새로운 인간 그리고 새로운 경제정책이다. 독일에서 나온 체 게바라 전집의 편찬자 호르스트-에카르트 그로스(Horst-Eckart Gross)가 제안한 분류를 따른 이 표제어들을 기준으로 그에 해당하는 게바라의 두세 가지 대표적인 글들을 소개해 보겠다.

게바라는 시에 대한 애착을 이따금 시를 짓는 습작으로 나타내기도 했는데 이 부분은 다른 저작들에 비해 주목을 받지 못하고 있다. 청소년기 때부터 여행 중 또는 일상에서 그가 찍은 사진들도 주목을 못 받기는 마찬가지다. 그러나 이러한 사진들은 기록으로서의 가치를 지닌다. 1995년에야 재조명된 이러한 사진들 가운데서 가린 일부가 2002년 아바나의 체 게바라 연구소(Centro de Estudios Che Guevara)에서 편찬한 도록 《체 사진집》에

실려 있다.
저작 전체에 대한 개관에서 순서는 연대순으로 했고 출간 순이 아니라 집필 순에 더 많이 기댔다. 전기는 너무 방대해서 여기에 넣지 않았다.

라티노아메리카나:
오토바이 여행 일기 (1951~1952년)

에르네스토 게바라는 1951년 12월 29일 알베르토 그라나도와 함께 코르도바를 출발지로 남아메리카 대륙을 도는 8개월 조금 밑도는 여행을 시작했다. 《라티노아메리카나》는 여행에서 돌아온 뒤 손질하고 새로 정렬한 여행 일기와 여행 중 가족에게 쓴 편지 몇 편을 포함하고 있다. 다시 손을 보았지만 원래의 일기 문체는 그대로다. 1992년 'Notas de viaje'라는 제목으로 쿠바에서 처음 출간된 《라티노아메리카나》는 게바라 자신이 '혁명 이전' 시기를 기록한 포괄적인 문서로서 오랜 기간 일반 비전문 독자가 접할 수 있는 유일한 자료였다. 이 여행 일기들은 알지 못했던 새로운 세계를 알고자 하는 한 젊은이의 삶을 들여다보게 해준다. 나중에 그의 아버지가 "자신의 사명에 대한 알 수 없는 확신을 가지고" 새로운 지평을 향해 나아간 "사회 연구자"의 여행 운운했지만(LA 서문, 14쪽 이하) 이러한 언급은 성인전의 칸에나 넣을 일이다. 어쨌든 게바라가 쓴 여행 일기에 그러한 구석은 조금도 없다. 그 자신도 이 여행 일기를 "두

33쪽 이하 참조

사람의 삶을 하나로 뭉친 것, 같은 희망과 비슷한 꿈을 지닌 두 사람이 함께 걸은 특정한 여정을 순간 포착한 것"(19쪽)으로 사실적으로 이해하고 있다.

> 게바라의 텍스트는 신문기사 류도 아니고 정치적인 생각을 풀어놓은 것도 아니다. 그것은 어디까지나 여행 일기이다.
> Jorge Castañeda, 《체 게바라》, 64쪽

월터 샐러스의 영화 〈모터사이클 다이어리〉 참조

일기 전체를 세 가지 주제군이 가로지른다. 모험에 대한 욕망과 착취당하는 가난한 사람들과의 만남, 잉카 문명의 발견이다. 그러나 가장 많은 지면을 차지하는 것은 모험적인 여행 자체이다. 게바라는 자연의 아름다움, 손님에 대한 친절 그리고 여행 내내 "'고역'의 면모를 전혀 잃지 않은" 불안정한 삶 등에 대해 열광적인 어조로 묘사하고 있다.(112쪽) 문전걸식에 어느 정도 이력이 났음에도 두 사람은 간간이 며칠씩 굶기도 했다. 그러나 이런저런 불편함과 장애도 이러한 모험적 여행의 즐거움을 퇴색시키지는 못했다. 그라나도에 따르면 여행 중 천식발작이 매우 빈번했지만 기이하게도 게바라의 일기에는 이에 관한 시사가 거의 없다. 주머니에 약간의 돈이 생겼을 때 게바라는 의기양양하게 어머니에게 편지를 보냈다. "우리 같은 유랑자는 제대로 된 숙소의 시민적 안락을 위해 돈을 쓰느니 차라리 죽어 버리지요."(169쪽) 이들이 여행 지역과 주민들에 대해 막연한 인상만을 가

지고 돌아가는 일반 여행객들에 대해 배낭 여행자들이 갖게 마련인 우월감을 가지고 있었음은 물론이다.
이러한 여행의 방식 때문에 이들이 마주치는 사람들은 대부분 하층민들이었다. 이들이 전부터 가지고 있었던 대지주 및 과두 정치가들에 대한 경멸과 '양키 제국주의'에 대한 혐오는 가난하고 궁핍한 사람들을 만남으로써 더욱 깊어졌다. 이러한 방향으로 일기에 가장 강렬한 흔적을 남긴 것은 칠레 북부 추키카마타의 구리광산을 보고 그곳에서 일하는 늙은 노동자 부부와 대화를 나눈 경험이었다. 그러나 그러한 경험들조차 정치적으로 직접적인 영향을 몰고 온 것은 절대 아니다. 불과 며칠 사이에 마침 파업 중인 대규모 광산 두 군데를 찾아갈 기회가 있었지만 이들은 그것을 알아차리지 못했다. 게바라는 간략하게 그 광산들은 "우리 여정 남쪽에 있었다"라고만 언급했다.(78쪽)
사회적 불의에 대한 그의 분노는 정치적인 것이라기보다 도덕적인 것이다. 간간이 해방이니 혁명이니 하는 표현이 나오지만 이것은 꿈이나 먼 미래를 지칭한 말이다. 게바라에게 프롤레타리아는 "내게는 좀 낯선 인간 부류"이다.(71쪽) 인디오로 말할 것 같으면 더하다. 그는 인디오들의 운명에 대해 줄기차게 통탄을 표하면서도 이들에게 다가갈 통로를 모색하지는 않는다. 특기할 것은 그가 대화를 나눈 상대들이 익명으로, 그저 노동자, 농민, 직공, 공산주의자, 인디오, 대학생 등으로만 등장한다는 점이다. 이름이 거명되는 것은 친척이나 지인, 의사들뿐이다.

잉카 문명과의 만남

게바라에게 가장 강렬한 인상을 남긴 것은 잉카 문명의 유물들, 특히 마추픽추의 유물들로 보인다. 그는 자신이 본 것들을 여러 쪽에 걸쳐 묘사하고 있다. 잉카 문화와 잉카족의 자부심에 감개무량해 하며 특히 요새와 성벽들에 대해 세세하게 기술하고 있다. 두 사람이 이 지역을 둘러보는 때가 아니면 게바라는 몇 시간을 그 지역 도서관에 앉아 잉카의 역사에 빠져 있곤 했다. 그의 고고학적 기술이 매우 인상적이라는 점은 자주 강조되어 왔다. 그러나 그 안에 표현된 것은 단순한 고고학적 관심을 넘어선다. 게바라가 "숙명을 받아들이며 묵묵히 인고하는 존재"(120쪽)라고 규정한 페루 인디오들의 현실과 잉카 문명의 대비는 잉카 민족에 대한 그의 열광에 또 다른 빛을 던져 준다. 잉카 문명과의 조우는 그의 눈앞에 또 다른 아메리카를 탄생시켰다. 즉 자기 운명을 스스로 결정하는 자유롭고 당당한 아메리카였다. 마추픽추 체류 시기는 아직은 추상적이고 이상화되고 낭만적인 형태에 불과했지만 훗날 그가 열렬히 주창한 범아메리카주의가 탄생한 시점일 것이다. 1952년 7월 6일

보고타에서 어머니에게 보낸 편지에 그는 아마존 지역 산파블로의 한센병 요양소에서 치른 스물네 번째 생일 이야기를 하고 있다. 이 편지에서 그는 "술기운에 범아메리카주의 색채가 다분한 일장연설"(165쪽)로 생일에 와준 사람들에게 감사의 말을 대신했노라고 쓰고 있다. 1952년 가을 아르헨티나로 돌아온 시점에 게바라는 이를테면 공산주의 같은 확고한 정치적 식견을 가지고 온 것이 아니라 다만 정연하지 않은 반제국주의와 범아메리카주의의 생각만을 가지고 돌아왔다. 무엇보다도 새로운 여행에 대한 욕망을 가지고 돌아온 것이다.

불사신의 신비한 예감:
라틴아메리카 여행 일기 (1953~1956년)

36쪽 이하 참조 1953년 7월 에르네스토 게바라는 청소년기 친구인 카를로스 '칼리카' 페레르와 라틴아메리카를 누비는 여행길에 다시 오른다. 이 여행은 그를 과테말라와 멕시코까지 이끌어 그곳에서 게바라는 쿠바의 바티스타 독재정권 와해를 계획하고 있던 피델 카스트로 휘하의 망명 쿠바인들과 만나게 된다. 1956년 봄 게바라는 이 집단에 합류했다.

이 시점에서 끝나는 이 일기는 가족에게 보낸 편지와 에세이 〈과테말라의 딜레마〉와 합해서 《다시 한 번(Otra vez)》이라는 제목의 게바라 유고집으로 몇 년 전 출간되었다. 독일어판 제목 《불사신의 신비한 예감》은 이 시기 게바라가 마치 전투 활동에 적극적으로 참여했다는 여운을 풍기기 때문에 흥미를 끄는 만큼 사람들의 관심을 호도하는 것이기도 하다. 사실은 그렇지 않았다. 게바라는 그의 관행과는 완전히 반대로 이 기록만큼은 추후 다시 손을 대지 않았다. 그래서 추후 수정이 가해졌더라면 없어졌을 많은 요소들, 예컨대 천식발작에 대한 헤아릴 수 없이 많은 묘사들이 그대로 살아남았다.

일기와 편지들은 게바라가 점차 정치화되고 급진화하는 과정에 대한 기록인 동시에 혁명에 참여하고자 하는 바람이 점차 강렬해지고 있음을 말해 주는 증언이기도 하다. 첫 번째 기착지 라파스에 대한 기록들에서 벌써 이전의 여행과는 다른 점이 노정된다. 게바라는 《라티노아메리카나》에서와는 달리 볼리비아의 정치상황을 비교적 상세히 기록하고 있다. 시간이 갈수록 경치 묘사나 방랑생활 기술은 뒷전으로 물러나고 심지어 칼리카와 다시 쿠스코와 마추픽추에 갔을 때의 묘사에서도 이러한 경향을 엿볼 수 있다. 또 하나의 특기할 점은 이때부터는 토론 상대를 간단히 학생, 농민, 노동자 등으로만 지칭하지 않고 이름을 명기하고 대부분 이들의 정치적 견해도 간단히 평가해 적어 넣었다는 점이다.

정치화

공산주의자들에 대해 취하는 입장을 가지고 대화 상대의 판단 기준으로 삼는 사례가 이 시기에 점차 빈번해진다. 이 시기에 게바라가 공산주의자가 되었음을 말해 주는 다른 자료들도 있다. 그러나 이 일기나 편지 어느 구석에서도 공산주의에 대한 신봉을 공공연히 밝힌 곳은 없다. 1954년 말 어머니에게 보낸 편지에 어렴풋이 이와 관련된 것처럼 보이는 구절이 눈에 띈다. "제가 어느 순간부터 생각하는 일을 접고 믿음 비슷한 것에 다다르게 되었는지 꼭 집어 말씀드릴 수가 없습니다. 그 사이의 거리가 너무 아득해서 대충이라도 말하기가 어렵습니다. 더구나 그 사이에도 다시 후퇴하기를 여러 번이었으니까요."(148쪽)

자기 주위의 사람들을 판단하는 두 번째 기준, 즉 투쟁과 희생의 태세가 여기에 더해지는데 과테말라에서 겪은 일련의 경험들, 즉 토지개혁에 대한 미국의 저항, 아르벤츠 정부를 뒤엎으려는 CIA 배후의 쿠데타, 그로 인한 두 달간의 아르헨티나 대사관 체류 등이 그 자양분이 되었다. 이와 더불어 그의 정치적 관점이 급진적이 되어가는 증좌를 이 시기에 쓰인 〈과테말라의 딜레마〉라는 에세이의 한 구절에서 찾아볼 수 있다. 이 에세이는 발표되지는 않았다. "이제 몽둥이가 말할 차례다. 그러다 죽어야 한다면 우리는 기꺼이 죽겠다, 산디노처럼. 그러나 아차냐(Azaña)처럼 죽지는 않을 것이다. …… 미온적인 태도에 몸을 맡길 수는 없다. 또한 배반을 묵과해서도 안 된다. 배반자의 피를 아끼느라 민중 편에 선 수천 용사들의 피를 흘리게 해서야 되겠는가."(155쪽)

일기와 편지들은 먹고사는 문제의 해결을 위해 노력하는 게바라의 모습을 여러 모로 말해 주는 자료이기도 하다. 과테말라와 멕시코에서 일자리를 구하려고 애를 썼으나 성과가 없었던 것, 자신의 운명과 거듭 싸우며 유

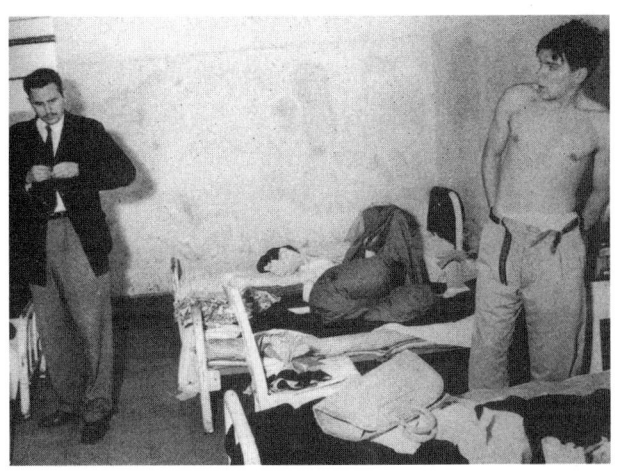

1956년 4월
피델 카스트로와
멕시코 감옥에서

럽이나 중국으로 여행을 떠나겠다는 의지를 누차 표명하는 것 따위가 여기에 나타나 있다. 이 일기의 마지막 부분에서도 아직 결정을 하지 못한 상태를 엿볼 수 있다. "미래의 계획은 불투명하다. 하지만 몇 가지 연구 작업을 끝낼 수 있었으면 한다."(118쪽) 반 년 전부터 피델 카스트로의 영향권 안에서 활동하면서 불과 며칠 뒤 쿠바 게릴라 훈련소에 들어가게 될 사람치고는 이례적인 모습이다.

> 체는 그 겸손함과 성품, 자연스러움, 동지애, 개성, 독창성 등으로 보자마자 좋아지는 그러한 사람이었다.
>
> 피델 카스트로가 1967년 게바라와의 첫 만남을 회상하며 한 이야기, AW 1, 7쪽 이하

거의 도착하자마자 만나 처음에는 게바라의 동지였다가 이어 애인, 마침내 아내가 된 힐다 가데아에 대한 언급이 아주 적은 것도 매우 기이하다. 일기를 통해 가데아

에 대해 알 수 있는 사실은 거의 없다시피 하다. 어머니에게 보낸 긴 편지 끝 부분에 간략한 몇 마디가 적혀 있는 것이 눈에 띨 뿐이다. "제 결혼과 미래의 총독에 대한 소식을 들으셨는지 모르겠습니다. …… 아직 못 들으셨다면 사람들에게 그 소식을 알리실 수 있도록 이 편지로 새 소식을 공식적으로 전하는 바입니다. 힐다 가데아와 저는 결혼했습니다. 곧 아이도 태어납니다. 베아트리츠가 보내 준 신문들은 잘 받았습니다. 매우 흥미롭고……"
(151쪽)

《다시 한 번》이 보여 주는 것은 정치적으로 점차 급진적인 성향을 띠어 가면서도 자신이 갖게 된 신념들을 진지하게 받아들일지를 마지막 순간까지 망설이는 젊은 모험가의 발전 도정이다. 만약 피델 카스트로와의 만남이 없었더라면 그의 인생 행로가 완전히 정치권 바깥으로 나가 버렸을지도 모를 일이다.

쿠바 일기 (혁명전쟁 회고록)

현재 구입할 수 있는 독일어판의 제목 '쿠바 일기'는 잘못된 것이다. 1963년 아바나에서 최초 출간된 《혁명전쟁 회고록(Pasajes de la guerra revolucionaria)》은 일기가 아니라 1959년에서 1963년 사이 쓰인 글들을 추후 편집한 모음집이다. 여기에서 체 게바라는 피델 카스트로가 이끄는 쿠바 게릴라 부대에서 겪은 체험들을 기술하고 있다. 즉 1956년 12월 2일 '그란마' 상륙에서부터 전쟁 초기의 '유랑' 단계와 기초를 다지는 단계, 혁명운동 내부에서의 논쟁, 정부군의 공격, 그에 뒤이은 내륙 진격 등을 거쳐 산타클라라를 손에 넣기 위한 최후의 결전과 곧이어 1959년 1월 1일 독재자 바티스타의 도주에 이르는 긴 여정을 기록하고 있다.

45쪽 이하 참조

게바라의 전쟁 일기에서 추출한 이 일화 나열식 기록물들을 게바라 자신은 "우리가 참가한 공격, 교전, 국지전, 본격적인 전투 등에 대한 나 개인의 기억들을 출간하는"(7쪽) 첫 포문으로 생각하고 있다. 다시 말해서 이 일화들을 모은 비망록에 기록의 의도 외에 좀 더 중요한 또

건국의 대서사시

하나의 의도가 담겨 있다고 말하고 있다고 봐야 할 것이다. 즉 새로운 혁명 쿠바를 세우는 기초 작업 과정을 포착하고 찬양하려는 의도이다. 이 과정에 발을 담갔던 사람들의 운명이 어떻게 되었는지 상세히 기술한 부분까지 포함되어 있는 것을 보면 그러한 의도를 짐작할 수 있다. 밀고하거나 배반한 무리(게릴라 활동 기간이나 그 이후)와 새로운 쿠바를 짊어진 무리나 "영웅적으로 스러져 가며" 자신의 "마지막 의무"를 완수한 순교자들이 나뉘어 기술되어 있다.(76쪽)

아주 상세하게 기술된 게릴라 부대의 역정 외에도 중요한 세 가지 주제가 있다. 첫째, 《쿠바 일기》는 체 게바라의 개인적 발전 과정을 알게 해 준다. 주로 의료 분야, 여기에 일상적인 문화, 정치 교육까지 담당한 미숙한 협력자에서 1957년 7월 게릴라 부대의 한 소대를 이끌게 된 동지 투사이자 사령관에 이르게 되는 개인적 발전 과정이 그려진다. 여기에서 그가 거둔 성공, 즐거움, 자부심을 언급하는 것으로 그치지 않고 정치적 미숙함과 군사 작전상의 실수 "나의 실책으로 쿠바 민중이 치른 희생은 실로 헤아릴 수 없다"는 개인적 약점 따위도 이야기하는 것을 보면 게바라의 솔직함을 알 수 있다. 게바라가 이 게릴라 전쟁에서 자기 개인이나 자신의 군사적, 정치적 역할 등이 차지하는 위상을 거의 강조하지 않는 것도 특이한 점이다. 일례로 게바라 최대의 전적, 즉 전세를 판가름한 시에라마에스트라에서 라스빌라스로의 6주간의 강행군에 대한 기술은 300쪽에 이르는 전체 분량 가운데 5쪽에 불과하다.

둘째, 이 책은 게릴라 부대의 전력을 늘려 공고한 기틀을 다지는 과정상의 어려운 문제들을 상세하게 기술하고 있다. 진군의 방향, 물과 식량 보급, 질병, 육체와 정신의 피폐 같은 일상의 문제들을 헤쳐 나가는 것으로 이 책은 시작한다. 그밖에도 새로운 게릴라 요원을 충원하고 이들에게 무기를 조달하는 것도 간단한 문제는 아니었다. 자원자들은 신뢰를 할 수 없어서 새로운 부대원으로 받아들일 수 없었고 또 일단 받아들인 사람들도 적지 않은 수가 얼마 후에 다시 탈퇴하는 일도 비일비재했다. 그러나 카스트로 게릴라 부대의 최대 난제는 시에라마에스트라의 주민과 신뢰 관계를 구축하는 것이었고 그것은 그저 목숨을 부지하기 위해서도 꼭 필요한 것이었다. 특히 처음 6개월간은 공포감 때문이었건 신념 때문이었건 밀고와 배반이 줄을 이었다. "진정한 해방구를 확보하면서 비로소 예방조처들이 필요없게 되었고 …… 시에라 주민들의 거주 지역을 자유롭게 다녀도 되고 시에라 주민들과 상당히 긴밀한 관계를 맺어도 된다는 허가가 떨어졌다."(132쪽)

> 카스트로와 게바라, 카밀로 시엔푸에고스, 프랑크 페이스(Frank País)가 이끈 대 바티스타 대항 투쟁은 주민의 '마음'을 얻고 그들의 무조건적 지지를 확보하는 거의 모범이라 할 사례로서 여전히 유효하다.
> Christopher Hitchens, 〈지난 일들(Es war einmal)〉, 42쪽

혁명적 도덕 군의 명예에 관한 불문율과 혁명 기율에 대한 상세한 기술도 이 텍스트들을 관통하는 핵심 요소이다. 죽음을 불사하는 무조건적 동지애와 용기, 희생 자세 등이 전자에 속한다. 여기에 부상자는 아군이건 적군이건 상관없이 치료하고 포로는 학대해서는 안 되며 민간인을 보호해야 한다는 것이 추가된다. 식량은 모두에게 동일하게 배분되는 반면에 무기는 용맹성과 게릴라 부대 종군 연한에 따라 지급되었다. 혁명적 도덕과 기율의 요구는 매우 엄격했다. 세 가지 범법, 즉 명령의 거부, 대오 이탈, 패배주의적 태도에 대해서는 사형이 적용되었고 사형 언도는 "불행하게도 시에라마에스트라에서 빈번히 실행"되어야 했다.(170쪽) 체형은 없었고 구금형도 없었다. 전투에서 자신의 실력을 보여 주지 못한 사람은 군에서 배제되었고 전투 중에 무기를 잃거나 퇴각할 때 두고 오는 사람은 설령 죽을 것이 확실한 상황에서도 무기 없이 적으로부터 새로 무기를 탈취해 와야 했다. 체 게바라는 가상 처형까지 포함하는 이 가혹한 규정을 가져 가는 것

으로 그치지 않고 전시라는 것을 명시하며 합리화했다. 그에게 이것은 원칙, 즉 "우리 혁명의 순수성을 지키는 데 …… 필수사항"(184쪽)이었다. 게바라처럼 혁명의 도덕과 기율을 군의 가장 중요한 무기라고 선전한 사람은 이후에도 거의 없었다. 군은 전시에나 평화시에나 민중의 모범이 되어야 한다는 것이 그의 주장이었다.

체 게바라는 쿠바 해방전쟁을 "대서사시"(85쪽)로 이해하고 《쿠바 일기》를 통해 절절하게 노래하고 있다. 아마도 《볼리비아 일기》와 더불어 가장 많이 읽히는 게바라의 텍스트이며 새로운 쿠바 역사 기술의 토대가 되는 이 저작은 다른 사람들에게도 이러한 이해를 공유하게 하는 기제가 되었다.

게릴라전 (파르티잔 전쟁)

《쿠바 일기》를 제외하면 《게릴라전》은 게바라 살아 생전에 출간된(1960년, 아바나) 비교적 방대한 책으로는 유일한 것이다. 《쿠바 일기》와 마찬가지로 이 책의 소재 역시 게바라 자신의 쿠바 혁명 경험이다. 다만 이 책은 기록 목적이 아니라 미래의 게릴라전을 위한 일종의 지침서이다. 이 책에는 게릴라군의 정체와 전제에 대한 원리적인 언급들이 몇 차례 나오지만 게바라는 책의 상당부분을 게릴라전의 조직적, 기술적 측면에 집중하고 있다. 그는 조직형태, 전술, 기반시설과 관련된 부수적인 조처, 중요한 장비 따위의 문제를 아주 세밀하게 다루고 있다. 그러한 측면으로 인해 이 저작은 일차적으로 군사 입문서의 성격을 가지며 이론적 논의서의 성격은 별반 없다(그러나 특이하게도 독일에서 이 책을 처음 발간한 곳은 동독군 출판부였다).

그러나 《게릴라전》이 몰고 온 엄청난 여파는 이러한 가르침 때문이 아니라 게바라가 글 첫머리에 쓴 세 가지 테제 때문이었다. "쿠바 혁명의 경험들로부터 라틴아메

1960년 말 게릴라 지도자들의 회합. 마오 쩌둥 방문

리카 대륙의 혁명운동을 위한 세 가지 중요한 교훈을 끌어 낼 수 있다. 1 정부군과의 전투에서 민중의 세력은 승리할 수 있다. 2 혁명을 위한 모든 조건들이 완전히 성숙되는 시점까지 항상 기다려야 하는 것은 아니다. 혁명지도부가 그러한 조건들을 스스로 조성할 수 있다. 3 라틴아메리카 대륙의 저개발 국가들의 경우 무장투쟁은 농업지역 위주로 수행되어야 한다."(54쪽)

이 대목은 여러 면에서 20세기의 가장 경험 많은 파르티잔 지도자이며 이론가인 마오 쩌둥을 생각나게 한다. 게바라는 첫 번째 아내 가데아의 주선으로 1950년대 중

> 모든 진정한 혁명운동이 그렇듯이 마오의 혁명운동의 지렛대가 대중의 희망이었던 반면 게바라주의는 개개인의 절망에서 그 동력을 찾았다. 바로 그 점 때문에 게바라주의는 추상적 질주가 되었던 것이다.
> Günter Maschke, 《게릴라 비판(Kritik des Guerillero)》, 126쪽

반에 이미 멕시코에서 마오 쩌둥의 저작들을 공부한 바 있다. '게바라주의적' 게릴라 개념의 특수성이 있다면 그것은 체 게바라가 두 번째 테제에서 혁명의 거점에 특별한 역할을 부여했다는 점이다. 그에 따르면 혁명의 교두보, 동력, 협력자의 역할을 통합적으로 수행할 수 있는 것은 게릴라 거점이지 당이 아니다.

이것은 모스크바를 추종하는 라틴아메리카 공산주의자들에 대한 노골적인 비판이었다. 이들이 '객관적, 주관적 조건'의 미숙을 거론하며 혁명의 첫발을 거듭 미루고 있는 것에 대해 게바라는 '비겁함'이라고 몰아붙였다.

거점이론 대신 게바라는 라틴아메리카 독재체제와 '가짜 민주주의'의 퇴행적 성격을 폭로하는 데는 어떠한 희생도 불사하는 잘 훈련된 소수 정예 게릴라 그룹의 투쟁 결의만 있으면 된다고 생각했다. 그러면 나머지 일은 저절로 진척된다고 믿었다. 무장투쟁을 통해 자체 조직의 필요성을 입증하는 자생적인 게릴라 거점은 게바라 혁명 이론의 이론적 핵심을 이룬다.

이러한 견해로 인해 게바라는 '주의주의'라는 비난의 표적이 되어 왔다. 즉 라틴아메리카 곳곳에서 혁명의 불길을 당기려는 노력에서 게바라는 각각의 나라의 정치적, 사회적 조건들을 다소 고의적으로 무시하고 쿠바 혁명의 경험들을 일반화하는 잘못을 저질렀다는 비난을 받아 왔다. 1960년대 쿠바인들이 지원하는 라틴아메리카의 '게바라주의' 게릴라군들 전부가, 게바라 자신이 직접 진두지휘했던 볼리비아의 마지막 게릴라군을 포함해서, 완전 실패로 끝났다는 점에서 이러한 비판가들의 말은 옳은 것이었다.

그러나 그러한 비판은 《게릴라전》에서 내놓은 주장을 따라가는 과정에서 게바라가 위의 세 가지 교훈을 쿠바 혁명에서 도출한 것으로 오판함으로써 오류에 빠지고 있다. 첫째, 쿠바 사회는 거의 모든 라틴아메리카 국가들과는 달리 농업지역 중심이 아니라 도시 중심이었다. 둘째, 쿠바 혁명은 '인민전쟁' 또는 '대중투쟁'이 아니라 그야말로 총파업이 일어나는 마지막 날까지 일개 소규모 게릴라 부대가 펼친 행동이었을 뿐이다. 게릴라 거점을 통해 혁명에 불을 댕긴 것에 대해서는 게바라의 말이 옳다. 그러나 그는 《쿠바 일기》에서 보듯 쿠바 게릴라군의 승리에 기여한 외적 요인들, 즉 도시 지역에서 일어난 민간과 군의 봉기(초기 단계부터 다양한 반정부단체에 의해 수행되었다), 전쟁 이전부터 바티스타 군이 처해 있던 고립무원의 상태, 전쟁이 진행되는 동안 독재자의 정당성이 정치 내외적으로 점차 허물어져 갔던 조건 등을 그냥 지나쳤다.

게바라가 당치 않게 일반화한 것은 쿠바 게릴라 부대의

자기희생의 향연

경험 그 자체가 아니라, 쿠바 게릴라 부대 내에서 자신이 겪은 경험들이다. 이러한 개인적 경험으로 인해 게바라는 투쟁 그 자체 그리고 자기희생의 태세를 찬미했던 것이다. 시에라마에스트라에서 평등주의적 공산주의를 체험한 것이 그에게는 "전시를 기해 인간 사이의 연대가 최고조에 달한 도덕적 고양"(96쪽)의 향연장으로 화한다. 쿠바 게릴라군으로 활동하는 동안 게바라는 레지 드브레이가 《혁명 속의 혁명?(Revolution in der Revolution?)》에서 정확하게 지적한 것, 즉 진보적인 프티부르주아 계급이 혁명적 노동자로 거듭나기 위해 계급적 자살을 감행하는 일에 성공한 것처럼 보인다. 아프리카의 해방 전사 아밀카 카브랄(Amilcar Cabral)의 말을 인용한 드브레이의 다음과 같은 지적은 그러나 유감스럽게도 반어적인 표현이 전혀 아니었다. "이러한 자살이 이루어지기에 가장 유리한 최적의 시공간은 바로 게릴라의 행동이다." 이 젊은 프랑스의 마르크스주의 철학자는 시종일관 이러한 성체변화를 종교적 용어로 묘사하는 것도 불사했다. "이 지점에서 정치적인 말이 일순간 육화된다. 혁명의 이상은 공식이라는 무색의 어둠 밖으로 나와 햇살을 받으며 형태를 갖추어 나간다. 이러한 육화는 심오한 이화(理化)이다. 직접 그러한 이화를 체험한 사람이 그것을 기술하고자 한다면 담담하게 말을 하는 편보다 절규

하는 편이 나을 것이다."(Debray 1967, 120쪽)

게바라가 쿠바 게릴라 활동 시기에 그러한 종교적 체험의 포화를 받은 유일무이한 사람이 아니었음은 명명백백하다. 그러나 게바라가 이러한 계시를 이후 자기 생의 척도로 승격시키는 데 그치지 않고 일반적인 정치 행위를 판단하는 기준으로 삼은 것은 많은 이들의 불행이었다.

> 게바라는 …… 폭력의 치유효과를 믿었다. 그가 말한 것은 자기희생에 이르도록 폭력을 행사해서 자기 안에서 새로운 인간이 점차 탄생하는 것을 깨닫는 사람을 이른 것이었다.
> Jean Ziegler, 〈체 게바라에 대한 회상(Erinnerungen an Che Guevara)〉, Sonntag, 1968, 64쪽

CHE GUEVARA

국제주의

체 게바라의 거의 모든 공식적 발언에는 국제주의라는 주제가 주도동기(主導動機, leitmotiv, 오페라 혹은 교향시 등에서 나타나는 되풀이되는 음악의 주제)처럼 나타난다. 이러한 국제주의의 고전적 공식은 마르크스와 엥겔스의 《공산당 선언》에서 마련되었다. "전 세계 프롤레타리아여 단결하라!" 이 호소에는 세 가지 함의가 들어 있다. 이 호소는 뜻을 같이하는 사람들을 향한 외침이 아니라 동등한 신분의 사람들을 향한 외침이다. 자신들의 계급 때문에 객관적으로는 이미 통일체를 형성하고 있는 사람들에게 주관적으로도 통일을 이루라는 호소이다. 둘째, 연대의 행동은 다른 집단을 배제하는 공동체의 형성이다. 누군가와 연대를 할 수 있다는 것은 다른 사람, 정치적으로 말하면 공동의 적이 있어야만 가능한 것이다. 마지막으로 프롤레타리아 국제주의는 포괄적인 역사철학의 일부분이다. 요컨대 연대를 실천하는 것은 한낱 정치적 의지의 표현에 그치는 것이 아니라 역사적 필연성과 합치하는 것이다.

이러한 고전적 국제주의의 세 가지 동기 전부가 비록 특화되기는 하지만 체 게바라에게서도 그대로 나타난다. 이 주제와 관련된 게바라의 글과 연설이 나온 것은 1960~1967년의 짧은 기간이다. 짧은 기간이기는 하지만 우리는 게바라의 국제주의적 입장이 첨예해지는 뚜렷한 현상을 확인할 수 있다. 그것은 그의 사유가 급진적 경향을 띠게 된 것에 기인하는 한편, 국제 정치의 장에서 벌어진 사건들의 여파이기도 하다.

1961년 4월 9일자 쿠바 군 잡지 《베르데 올리보》에 기고한 글 〈쿠바 - 역사적 예외인가 대제국주의 전쟁의 전위인가?〉(AW 4, 27~46쪽)에서 게바라는 라틴아메리카 국가들의 공통점을 부각시킨다. 언어와 문화, 역사 이외에 특히 정치적, 경제적, 사회적 상황이 공통된다고 그는 주장한다. 농업 부문이 압도적인 사회에서 대토지 소유와 제국주의의 유착이 경제 왜곡, 일명 저개발의 원인이라는 것이다. 그렇기 때문에 통일적 상황의 조성은 관찰자의 눈에서 이루어지는 것이 아니라 혁명을 피할 수 없게 만드는 공동의 적으로부터 오는 생존의 압박에 의해 이루어진다는 주장이다. 해방투쟁에서 행사되는 혁명적 폭력은 이러한 객관적 조건들로 인해 대항 폭력으로 합리화된다.

쿠바의 역사적 역할

이러한 맥락에서 게바라에게 쿠바 혁명의 역사적 의미는 압도적 우위의 적에 대해서도 승리는 가능하다는 사실을 미국 민중들에게 보여 주었다는 데 있다. 이로써 쿠바의 사례는 라틴아메리카에 혁명의 주관적 조건들을 전수하고 이러한 역사적 상황에서 '대제국주의 투쟁의 전위' 역할을 한다고 게바라는 주장한다. 이러한 주관적 조건의 이식이라는 점에서 쿠바라는 범례는 모든 면에서 구속력을 지니게 된다. 즉 라틴아메리카의 혁명가들과 쿠바의 연대가 필연이 된다는 것이다.

'3대륙'의 발견 게바라는 자신이 주창하는 국제주의의 이와 같은 핵심 요소들을 이후에도 줄곧 설파하는데 이를 수정·보완해서 더욱 급진적인 방향으로 나아간다. 이러한 경향은 처음에는 객관적 조건들을 수립하는 데서 드러난다. 즉 라틴아메리카는 국제적 관계망에서 점차 뒤로 물러나고 '3대륙 운동(Tricontinentale)', 아프리카와 아시아, 라틴아메리카 3대륙의 국제적 해방운동의 맥락으로 대체된다. 이러한 상황 전개는 아메리카 대륙에서 쿠바가 정치적, 경제적으로 광범위하게 고립된 여파이기도 하고 일변 국제주의를 범아메리카주의 이상의 것으로 만들려는 오로지 이론적 논리의 결과이기도 할 것이다. 이러한 지평의 확대에도 불구하고 연대를 해야 할 대상들과의 통일을 주창해야 했기 때문에 게바라는 여러 나라의 공통점이라고 자신이 생각했던 몇몇 응집점들을 버릴 수밖에 없었다. 즉 언어와 문화, 역사 그리고 농업 부문이 압도적인 사회구조라는 응집점과 혁명 주체로서의 농민계층 등이 퇴색되고 그 자리를 착취와 억압을 당하는 민중이 차지하게 된 것이다.

라틴아메리카 자체의 공통성의 윤곽이 희미해지면 질수록 게바라는 연대하는 적 제국주의를 끌어들여 공동의 운명을 강조하지 않을 수 없었다. 이러한 진영에 속하는 세력은 특히 미국, 유럽 열강들, 일본 그리고 각 나라의 부르주아지라고 그는 생각했다. 이에 반해 사회주의 국가들에 대해서는 전 세계 혁명투쟁의 동맹 세력으로 간주했다. 물론 소련과 그 위성국가들에 대한 게바라의 평가는 1962년 쿠바 위기 때 소련이 미국의 엄청난 압력에 굴복하여 카리브 섬나라 쿠바에서 핵미사일을 철수한 뒤 현격하게 추락한 것도 사실이다. 인민공화국 중국은 이러한 혹평에서 제외되었다. 이러한 처신 때문에 게바라는 마오 쩌둥의 입장을 대변한다는 비난(이러한 비난은 쿠바의 동지들에게서도 제기되었다)에 점점 더 노출되었다.

국제주의에 대한 게바라의 입장을 평가할 때 그의 발언이 개인이나 지식인으로서가 아니라 쿠바의 대변자로서 이루어진 것임을 항상 염두에 두어야 한다. 그러한 위치에 있었기 때문에 그는 특히 국제기구에서 줄기차게 민족의 자결권을 주창했고 그럼으로써 카스트로가 이끄는 쿠바의 국체를 방호해야 했다. 또 다른 한편으로 쿠바의 사례가 쿠바의 적극적인 지원 하에 다른 나라의 모범이 되도록 하는 것이 그의 가장 깊은 관심사였다. 그러한 이유 때문에 게바라는 날로 여지가 좁아지는 상황에서도 1965년 그의 마지막 공식석상이 된 알제리에서 외교적 수사를 구사하려 애썼다.

〈세계 민중에 고함〉 1965년 3월 모든 공직과 쿠바 국적을 반납하고 다시 개인의 자격으로 게릴라전을 시작하기로 결심한 뒤부터 게바라는 공적 지위에서 불가피했던 언어 절제에 더 이'상' 신경을 쓰지 않아도 된다고 생각했다. 그의 마지막 텍스트로 "제2, 제3의 수많은 베트남이 나오기를"(230쪽)이라는 수없이 인구에 회자되는 구호가 들어 있는 저 유명한 〈세계 민중에 고함〉(AW 4, 213~231쪽)에서 체 게바라는 소극적 자세를 완전히 떨쳐 버렸다. "투쟁의 인자인 증오, 적에 대한 불굴의 증오는 인간 존재의 자연적 한계를 훌쩍 뛰어넘어 인간을 효율적이며 폭력적이고 선택적인 냉혹한 살인무기로 변하게 한다. 우리의 전사들은 그러한 존재가 되어야 한다. 증오를 품지 않은 민중은 폭압적인 적을 제압할 수 없다. 적이 전쟁을 가져다 놓은 곳까지 우리는 전쟁을 이끌어 가야 한다. 적의 집과 그들이 즐기는 환락의 장소까지. 그러한 전쟁을 총체적인 전쟁으로 이끌어야 한다."(227쪽 이하) 그 자신이 아마도 이번의 게릴라전에서 살아남지 못할 것을 미

리 예상했던 것으로 보이
는 볼리비아에서 그의 상
황이 단지 불투명한 정도
를 넘는 것이었음을 고려
한다면 그의 언어적 일탈
의 행태는 좀 더 관대한
시선으로 판단해도 좋을

> 그 개인은 이론과 실천이 완전한 조화를 이
> 룬 통일체였다. 1920년대, 1930년대 이래로
> 그와 같은 국제주의의 화신은 더는 나오지
> 않았다. 심지어 러시아 혁명을 이끈 가장 중
> 요한 지도자들 가운데 그 누구도 자기가 서
> 있는 자리를 떠나지 않았으며 여타 유럽의
> 소요 지역으로 간 사람은 아무도 없었다.
>
> Tariq Ali, Street Fighting Years, 154쪽

것이다. 그러나 사실상 이러한 논리의 전개는 시에라마
에스트라에서 쿠바 게릴라로 활약하던 시기 이후로 그
자신 줄기차게 역설했던 내용과 괴리 없이 연결된다. 즉
투쟁의 실존적 체험과 자기희생의 자세는 수미일관했
다. 이를 위해 자기 목숨을 걸었다는 사실은 머나먼 유   **194쪽 이하 참조**
럽까지 그에게 엄청난 찬사를 안겨주었다.
무력으로 사회적, 정치적 폐해를 척결하는 것과는 다른
길을 지지하는 모든 이견의 걸림돌을 조직적으로 차례차
례 제거한 뒤 게바라가 빈곤에 대한 투쟁을 묵시록적 분
위기를 풍기는 결전의 어휘로 포장하는 것은 너무나도
당연한 것이었다. 한 편에 "인류 최대의 적 북미 대륙의
미국"(231쪽)이 있고 다른 한 편에 "프롤레타리아 국제 연
합군이 있고 그리하여 투쟁의 기치는 인류의 구원이라는
성스러운 일"(228쪽)이 된다. 이로써 게바라에게 프롤레
타리아 국제주의는 최종적으로 신앙으로 전화한다.

새로운 인간

게릴라전과 국제주의와 나란히 체 게바라의 연설과 글에서 중심을 이루는 주제는 새로운 인간이었다. 이것은 위의 두 가지 게릴라전과 국제주의에 의미와 비전의 힘을 부여하는 것이었다. 게바라는 열정적인 태도에도 불구하고 게릴라전 자체를 목적으로 생각하지는 않았다. 그에게 게릴라전은 권력 획득의 한 수단이었다. 억압받는 민중과의 전 세계적 연대를 의미하는 국제주의는 그에게 도덕적 의무이자 역사적 필연이었다. 즉 공동의 적인 제국주의를 제압하고 억압과 착취로부터 자유로운 사회를 만들기 위한 것이었다. 사회주의 사회 건설의 초석은 이러한 국제주의를 통해 비로소 마련되는 것이었다. 또한 게바라는 1960년대 초 쿠바에서 진행된 생산수단의 사회화 내지 국유화도 사회주의 사회 건설의 토대로 간주했다.

69쪽 참조

그러나 이 모든 것으로도 아직 그의 눈에 차지 않았다. 즉 그가 이해하는 공산주의의 핵심에 이른 것은 절대 아니었다. 1963년 7월 프랑스 일간지 《엑스프레스(Express)》

와의 인터뷰에서 게바라는 단호하게 언명했다. "공산주의 도덕이 결여된 경제체제만의 사회주의는 저의 관심사가 아닙니다. …… 공산주의가 의식에 더 이상 신경을 쓰지 않으면 그것은 일개 분배의 방식에 불과할 뿐 혁명적 도덕이 될 수는 절대 없습니다."(AW 4, 144쪽 이하) 이러한 혁명적 도덕이야말로 새로운 공산주의적 인간의 제1특징이라고 그는 강조했다. 즉 자신이 맡은 바 혁명의 의무를 그저 마지못해 습관적으로 이행하는 인간에 머무는 것이 아니라 그러한 의무에 헌신적으로 투신하는 인간을 말한다. 공산주의를 주창한 고전적 인물들이 믿듯 생산관계가 변함으로써 그에 상응하는 의식이 저절로 생성되는 것은 아니며 그러한 의식은 장기간의 수고로운 교육 과정을 통해 나오는 결과일 수밖에 없음을 그는 주장했다.

> 근본적으로 따지면 내가 주창하는 것은 혁명이라는 사안이 아니다. 사실을 말하자면 나의 근본적인 관심사는 인간이다.
> 1966년 Jean Marcilly와의 예정되지 않은 인터뷰,
> 《슈피겔(Der Spiegel)》, 35/1968, 66쪽

1965년 3월에 쓴 〈쿠바 사회주의와 인간〉(AW 6, 14~36쪽)에서 게바라는 "21세기형 인간"(30쪽)을 만들어 낼 포괄적인 교육 강령을 내놓았다. 직접적인 교육은 혁명의 전위, 즉 당 간부를 매개로 이루어지고 간접적인 교육은

CHE GUEVARA

1963년 사탕수수 수확 노력봉사 때 모습

사회관습이 행사하는 압력을 통해 이루어진다는 것이 그 골자이다. 여기에 "의식적 자기교화"(19쪽)가 더해져야 하는데 이러한 과정은 교육을 행하는 자에게나 교육을 받는 자에게나 공히 필요한 것으로 되어 있다. 결정적인 교육의 매체는 "살아 있는 모범", 즉 교육을 담당하는 사람이어야 하며 그렇지 못할 경우 지식의 전수는 신념으로서의 힘을 완전히 상실한다는 것이다. 게바라에게 이러한 모범으로서의 자기 존재를 내보일 수 있는 장은 바로 "자발적 노동"이었다. 게바라처럼 이러한 자발적 노동을 선전하고 몸소 실천했던 공산주의자는 없었다. 게바라는 1964년 8월 15일 산업부에서 같이 일하는 사람들에게 보내는 인사말에서 〈자발적 노동과 의식의 변혁〉(AW 6, 156~176쪽)에 대해 이야기하며 새로운 사회 건설과 새로운 인간의 창조에서 이러한 노동의 형태가 지니는 탁월한 의미를 아주 세세하게 거론하며 강조했다. 노동자들의 의식을 성장시킬 수 있으려면 노동의 형태가 개개인의 모든 경제적 이해와 물질적 유인과의 연결고리를 완전히 제거해야 한다는 것이 그 핵심 내용이었다. 게바라의 입장에서 오로지 중요한 것은 바로 이러한 노동 형태의 도덕성이었다. "붉은 자유노동대"의 구성원들에게 보상으로 내건 것은 "민중의 감사" 외에 "공산주의 노동 증명서"였다. 이 증명서는 세 단계로 구별되어 있었는데 "반 년간 240시간 또는 그 이상을 행한 전위 대원, 반 년간 160시간을 달성한 우수 대원, 최소 80시간을 달성한 일반 대원으로 나뉘어졌다."(166쪽 이하) 이러한 증명서의 발급을 게바라는 동기를 주는 방편인 동시에 전체를 통제하는 길로 생각했다. 자발적 노동을 이행한다는 것은 개개인의 혁명적 의식 상태와 사회주의 건설에 대한 열의를 말해 주는 전거의 성격을 띠는 것이다. 혁명가에게 "혁명을 벗어나서 삶은 없다"고 게

자발적 노동

바라가 천명했을 때 이 말에 비유적 요소는 전혀 없다는 것을 짐작할 수 있다. 사회주의 또는 공산주의 사회의 건설은 만인, 특히 혁명가 개인의 막대한 희생을 요구할 것이라는 점을 게바라는 누누이 강조했다. 그러면서 그는 이러한 희생을 희생 이상의 무엇으로 생각하고 싶어 하지도 않았다. 예컨대 1963년 3월 24일 〈당과 혁명〉이라는 주제의 연설에서 게바라는 이렇게 이야기하고 있다. "그(혁명가)는 '희생'이란 것을 하지 않으면 기분이 안 좋아지는 존재이다. 그래서 급기야 '자신을 희생하지 않는 것' 자체가 혁명가의 실질적 희생이 되는 것이다." (134쪽)

이미 혁명적 전위가 목하 구현하고 있는 미래의 새로운 인간이라는 게바라의 구상에서 이와 같은 가치 전도가 특징적으로 드러나는데 이러한 점은 마르크스의 초기 저작들을 떠올리게 한다. 마르크스는 초기 저작들에서 공산주의를 통해 인간 소외가 완전히 지양된다고 주창한 바 있다. 게바라는 아마도 이러한 초기 저작들을 1963~1964년 시기에 읽었던 것으로 보이는데 (Löwy, 1993, 23쪽) 새로운 인간에 대한 그의 구상들은 여러 면에서 초기 마르크스의 휴머니즘에서 영감을 받은 것으로 짐작된다.

그러한 '휴머니즘적' 사유의 관점에서 볼 때 규율에 순

199쪽 참조

응하는 정도의 행동으로는 충분한 것이 아니었다. 게바라가 쿠바인들에게 사회적 의무와 노동을 진심을 기울여 수행하라고 요구한 것은 다름 아닌 프로테스탄트적 열정의 발로였다. 그러한 논리에 따르면 이렇게 의무와 노동을 수행하지 않는 사람은 자신의 의식이 후진적임을 입증하는 것이었다. "우리의 임무는 뒤처진 사람들을 제거하거나 분쇄하지 않는 것이다. …… 이들을 교육하고 앞으로 나아가도록 격려하여 우리의 예를 따르도록 하는 것이 바로 우리의 임무이다. 이것은 바로 피델도 이야기한 적이 있는 도덕을 통한 압력이다. 다시 말해서 인간이면 누구나 자신이 원치 않는 일 또는 필요성을 못 느끼는 일을 비로소 해야겠다는 생각을 하게 되는 것은 이러한 과제를 신나게 열정적으로 또 기쁜 마음으로 매일매일 수행하는 동지의 모범을 통해서라는 것이다."(139쪽)

> 쿠바의 카스트로가 '새로운 인간'을 만드는 데는 실패했다고 봐도 무방할 것이다. 하지만 새로운 쿠바인을 만드는 데는 성공했다.
> Volker Skiera, Fidel Castro, 490쪽

그러나 자발적 노동을 일종의 노동 강제로 만드는 "도덕적 압력"의 동원에 대해 게바라는 긍정적으로 생각하는 정도로 그치지 않고 그러한 압력이 모범으로 작용하는 측면을 과대평가했다. 새로운 인간의 "살아 있는 모범"이 되기 위한 그 자신의 불굴의 노력이 그의 전설적 명성과 그 개인에 대한 숭배에 결정적인 기여를 했고 그것

은 비단 쿠바에 한정된 것은 아니었다. 그러나 바로 이러한 극단에 이르는 희생의 자세는 그의 삶의 궤적을 따르는 사람이 거의 없게 된 가장 큰 이유 중 하나로 작용했다고 볼 수 있다. 게바라 자신은 이처럼 모범을 따르지 않는 행태에 대해 "의무에 대한 내면의 의식"(134쪽)의 결여로 해석했다. 게바라는 자신의 희생적 자세가 모범으로 작용하지 못하고 일반화될 수 없는 예외로 작용한다는 사실을 절대 인정하려 하지 않았다.

일례로 그는 삶과 죽음이 판가름 나는 전쟁이라는 예외적 상황을 생산 활동의 기준으로 삼고 "노동 현장에의 참여"를 "참호에 있는 상황"(87쪽)과 비교했는데 이러한 지점에서도 게바라가 예외와 모범을 혼동한 것을 볼 수 있다. 영웅적 자세를 "이데올로기가 담당해야 할 주요 과제" 가운데 하나로 보고 "이러한 영웅적 자세를 일상의 삶에 뿌리내리게 하는 것"(15쪽)은 노동의 군대화를 뜻하는 것일 뿐 아니라 평화시에도 전시상황을 항구화하는 것을 뜻했다. 그러한 무리한 요구는 견디기 힘든 것임을 인식하지 못한 것이 체 게바라의 휴머니즘적 도덕관의 맹점이다.

경제정책

1959년과 1965년 사이에 체 게바라는 쿠바 경제계의 최고위직에 있었다. 국가농지개혁위원회(INRA) 의장, 국영은행장 그리고 산업부 수장으로서 그는 쿠바의 경제발전을 결정적으로 규정하는 인물이었다. 1962년 쿠바 경제의 위기 조짐들이 너무나 뚜렷해졌고 이에 대해 게바라도 그 위치상 책임을 지지 않을 수 없는 입장이었다. 이러한 사태에 대해 게바라는 자기비판과 자기 정당화의 주장이 뒤섞인 태도로 공식적인 입장을 취했다. 그는 일련의 짧은 글들을 통해 경제정책과 관련된 자신의 원칙적인 견해를 밝혔다. 이러한 글들은 1963~1964년에 발표되었고 "계획논쟁"으로 회자되는 논쟁의 일익을 담당했다. 이 논쟁에는 게바라와 몇몇 쿠바인들 외에도 마르크스주의 경제학자로서 쿠바 혁명에 동조한 찰스 베텔하임과 에르네스트 만델도 가담했다.

"계획논쟁"의 논점은 서로 정당성을 주장하는 두 가지 사회주의 계획경제 모델이었다. 이 두 상반되는 모델을 우리는 "회계경제"와 "국가재정 체계"라는 개념으로 수

계획논쟁

렴할 수 있다. 기업에 상대적인 경제적 자율성 내지 재정적 자기 결정권을 인정해 줄 것인가의 문제가 이 논쟁의 주된 쟁점이었다. 기업에 자율권을 부여하는 것은 곧 기업들 간에 어느 정도의 지급 유통과 상품 거래가 이루어진다는 것을 내포하는 것이었다. 아니면 개별 기업을 단지 중앙에서 국가가 통제하는 하나의 총괄적 기업체의 비독립적인 부분으로만 볼 것인가? 그렇다면 개별 기업은 독자적인 재정적 수단들을 운용할 권한이 없게 된다. 게바라가 열렬하게 옹호하고 "국가재정 체계"라고 명명한 이 모델의 테두리 내에서 상품 거래와 화폐 유통은 생산자와 최종 소비자가 접촉하는 부분 그리고 국가가 통제하는 무역의 부분에 한정된 것이었다.

"계획논쟁"에 기고한 여러 편의 글(AW 4, 50~140쪽)에서 게바라는 마르크스주의 정치경제학의 고전들을 동원해서 자기 입장의 타당성을 제시했다. 그의 논거는 급진적인 만큼 단순했다. 시장은 그것이 겉으로 드러나는 여러 현상 형식, 즉 상품과 돈, 신용 등과 더불어 부르주아 자본주의 생산 방식의 특징임을 마르크스와 레닌, 스탈린이 설득력 있게 설파했다는 점을 논거로 내세웠다. 이러한 계기들이 존재하는 한 사회주의 사회 운운할 수 없다는 것이 그의 생각이었다. 사회주의 사회를 건설하고자 한다면 국가의 역할을 강화하고 사회주의 계획경제를 강화하고 무엇보다도 도덕적 유인책을 장려해야 한다는 것이었다.

게바라는 경제학자는 아니었다. 그의 경제적 관점들은 순수 경제적 숙고보다는 정치적, 윤리적 동기에 의해 결정된바 컸다. "계획논쟁"에서 때로는 진정한 이론적 논점들이 등장하기도 했지만 여기에는 정치적 방향에 대한 논쟁이 항상적으로 포함되어 있었다. 게바라는 "회계경제"에 손을 든 사람들이 소련을 모범으로 삼고 있다고 생각했다. 이에 반해 게바라는 공산주의 사회로 가는 독자노선을 주창했다. 베텔하임의 반론을 반박할 때 그가 특히 강조하였듯이 그러한 독자적인 길을 옹호하는 것은 비단 쿠바의 역사적, 경제적 상황이 특수하기 때문만은 아니었다. 소련의 모델에 대한 게바라의 거부입장에는 쿠바 위기 이후 점증해 온 소련에 대한 불신이 감추어져 있었다. 게바라는 소련에 대해 사회주의 건설에 주저앉았거나 아니면 공산주의로 가는 길에서 이미 내려섰다는 의구심을 품고 있었다. 좀 더 첨예하게 표현하자면 게바라가 쿠바 혁명의 특수성을 지키고 혁명의 이념 일반을 수호해야 한다고 생각한 것은 소련을 겨냥한 것이기도 하고 어쩌면 소련을 겨냥하기 위한 것이기도 했다. "계획논쟁"에서 그가 한 마지막 발언은 다음과 같다. "회계경제의 길을 옹호하는 사람들에게 외친다. '신

'새로운 인간'
132쪽 이하 참조

이시여, 우리의 동지들에게서 우리를 보호하소서. 우리의 적들에게서 나 자신을 지키리니.'"(140쪽)

그로부터 얼마 지나지 않아 게바라는 정치적, 도덕적 공세의 포문을 열었다. 그는 1965년 봄 알제리에서 행한 연설(AW 3, 159~173쪽)에서 사회주의 국가들이 저개발국가들에 대해 불공정한 무역관계를 맺고 있음을 맹비난 했다. 이러한 맥락에서 게바라는 사회주의 국가가 "해방을 이루어 가고 있는 민족 또는 자신들의 자유를 지키기 위해 투쟁하는 민족"에게 필요한 무기를 제공하는 것에 앞서 "이들의 지불능력"을 검토하려는 의도에 대해 어불성설이라고 일갈했다. 궁극적으로 중요한 것은 물질적 가치가 아니라 "우리 모두의 무조건적 연대를 보증하는 것"이라고 그는 주장했다. 이는 말하자면 "국가재정 체계"에 대한 그의 생각들을 "국제적 차원으로 확장"한 것이었다.

그러나 이 시점에서 논쟁의 승패는 판가름 났다. 1964년 말 카스트로 형제가 추진한 소련 접근 정책의 기류 속에

> 체의 실패는 엄밀히 말하면 대안을 전 지구적 차원에서 추상적으로 설정하는 그의 성향에 기인하는 것이었다. 그런 그에게 사소한 견해차도 모두 원칙의 문제가 될 수밖에 없었고 …… 설령 부수적인 관리기술상의 지엽적 문제인 경우도 그랬다.
>
> Jorge Castañeda, Che Guevara, 321쪽

서 경제정책 부문에서 게바라의 영향력은 이미 상당 부분 소멸된 상태였다. 피델 카스트로는 "회계경제"에 낙점을 하고 기업 관리의 중앙집중화에 반대하며 게바라가 누차 강조해 온 도덕적 유인책을 맹렬히 비난했다.

75쪽 이하 참조

아프리카의 꿈:
콩고의 혁명투쟁에서 다시 집어 든 일기

83쪽 이하 참조   1965년 4월에서 11월 사이에 체 게바라는 130명에 이르는 쿠바인들의 수장으로 콩고 반란 세력의 게릴라전에 가담했다. 20년 넘도록 추측만이 무성하던 끝에 1987년 피델 카스트로는 지아니 미나(Gianni Miná)와의 인터뷰에서 게바라의 콩고 게릴라전 참전 사실을 공식 시인했다. 그러나 대중들이 세세한 사실들을 알게 된 것은 1994년에 이르러서, 즉 멕시코 작가 파코 이그나시오 타이보 2세와 쿠바 언론인 프로일란 에스코바르(Froilan Escobar)와 펠릭스 게라(Félix Guerra)가 공저인 《우리가 사라졌던 시간(Das Jahr, in dem wir nirgendwo waren)》에서 게바라의 〈콩고 혁명 게릴라 시절의 수기〉라는 제목의 글을 상세히 인용한 것을 계기로 해서였다. 이 초고 전체는 1999년 게바라의 두 번째 부인인 알레이다 마르쉬에 의해 같은 제목으로 아바나에서 출간되었다.

이 스페인어판 제목은 1991년 《쿠바 일기》라는 제목으로 독일에서 출간된 게바라의 《혁명전쟁 회고록》을 떠올리게 한다. 이 《혁명전쟁 회고록》과 마찬가지로 《아프리카의 꿈》(독일어판 제목임)도 엄격한 의미에서 보면 일기가 아니라 콩고 게릴라 시절의 경험을 적은 비망록으로 추후 편집 출간된 것이다. 게바라는 1965년 11월 21일 콩고에서 돌아온 그 길로 집필을 시작해서 텍스트를 여러 차례 수정한 뒤 1966년 1월 탄자니아 망명지에서 이 글을 탈고했다.

게바라는 이 글에서 사실 그대로 보고할 것을 선언했다. 그래서 그의 기술은 가차 없는 문장으로 시작된다. "이것은 좌초의 역사이다."(19쪽) 콩고에 도착했을 때 게바라에게 주어진 상황은 거의 모든 면에서 그가 쿠바 게릴라 활동에서 알게 된 것과는 엄연한 격차가 있었다. 통일된 사령부도 없었고 경쟁력 있는 반군지도자들은 거의가 외국에 체류하고 있었기 때문에 전선에 있는 자기 병사들과 접촉이 거의 없었다. 그곳에는 있는 것이라고는 아무것도 없었다. 조직, 기강, 군사훈련, 정치적 의식, 신뢰의 관계, 성실함, 보급 및 통신 체계 그리고 마지막으로 투쟁과 희생의 각오 그 어느 것도 없었다. 할 수만 있다면 이들은 군사작전에 관한 어떠한 논쟁도 피하려고 했다. 이따금 벌어지는 소규모 전투에서도 게바라와 쿠바인 동지들은 콩고와 루안다 동지들이 꽁지 빠지게 도망가거나 심지어 대오를 이탈하고 자기들의 무기와 같은 편 부상자와 사체들을 전장에 두고 오는 광경

환멸

> 콩고에서의 혁명은 우리가 도착한 순간 이미 실패였다. 그렇지만 혁명의 실패에 동참한다는 것은 늘 슬픈 일이다.
> Victor Dreke, "Mitstreiter Guevaras im Kongo", Taibo 외, 1996, 245쪽

을 무력하게 바라보아야 했다. 게바라를 몹시 격분시킨 이러한 행동은 쿠바 게릴라 시절이었다면 당장 사형감이었다. 콩고 상황에 대한 게바라의 판단도 따라서 온정적일 수 없었다. "콩고 혁명군 병사는 내가 지금껏 겪어 본 전사들 가운데 가장 비겁한 유형이다."(300쪽)

이러한 상황에서 게바라가 변화를 모색할 수 있는 여지는 거의 없었다. 한편으로 게바라는 수개월 내내 행동하지 못하도록 처분한 이곳 사령관들의 명령권에 복종할 수밖에 없었고 다른 한편으로는 언어적, 문화적 장벽을 과소평가한 결과였다. 그도 다른 쿠바인들도 그러한 장벽을 제대로 넘어서지 못했다. 그래서 결국 이들은 "콩고에서 영원히 이방인으로 남을 수밖에 없는 운명"이었다.(87쪽) 그러나 게바라는 휘하 부대원들 사이에 도덕이 급속히 와해된 것에 대해 애초에 쿠바에서 게릴라 대원을 선발할 때 신중하지 못했던 것에도 원인을 돌렸다.

그밖에도 게바라는 자신의 신체적 능력의 한계를 절감해야 했다. 거듭되는 고열과 천식발작으로 쇠약해졌고 곳곳에서 쿠바 군의 권한을 둘러싸고 논란을 벌여야 했으며 거기다 쿠바 군과 현지 군 사이의 점증하는 적대감에 환멸을 느낀 게바라는 군을 재조직하고 혁명적 기율

과 도덕의 기준을 군에 적용하려고 시도했지만 이러한 시도는 모두 실패로 돌아갔다. 마침내 게릴라전 마지막 국면에서 그에게 제한적인 사령관의 명령권이 부여되었지만 이마저도 허위정보로 인해 전술적 과오로 귀결되고 말았다. 이 실책은 승리할 수 있는 전투를 졸지에 패배로 돌변시켰다. 그는 참담한 심정으로 자신의 지도자 자질을 의심했다. "우리는 13명이었다. 당시 피델의 부대원보다 한 사람이 더 많은 숫자인데 다만 사령관이 달랐다는 것을 나는 처절하게 확인해야 했다."(209쪽)
점차 사기를 잃어 가던 게바라는 카스트로가 아바나에서 자신의 작별 편지를 공개 낭독했다는 소식을 접했고 그의 저하된 사기는 최저점에 도달했다. "이 편지의 공개로 인해 동지들은 수년 전 시에라마에스트라 시절처럼 다시 나를 쿠바인들과 관계 맺고 있는 외국인으로 보게 되었다. …… 우리가 더는 공유할 수 없었던 특정한 것들이 있었다. 내가 말없이 또는 공공연히 포기했던 꿈들, 그러나 인간 누구에게나 있는 성스러운 꿈들. 각자의 가족과 나라와 환경. 그 편지로 인해 …… 나는 나의 동지와 전우들에게서 멀어졌다."(309쪽) 비단 콩고의 상황에서만 그런 것은 아니었다. 게바라는 체면을 잃지 않고 쿠바로 돌아가는 일이 이제는 가능하지 않음을 깨달았다.

패배의 교훈 상세한 후기를 통해 게바라는 콩고 게릴라전의 조건과 과정 그리고 결과들을 분석했다. 이 임무의 실패를 스스로 공식 시인했음에도 불구하고 그가 보기에 근본적으로 이 패배는 어디까지나 "불리한 여건들이 불행하게 연쇄된 결과"였다.(305쪽) 이 실패의 교훈으로 그는 "마르크스주의적 분석의 몇 가지 도식을 현재에 맞춰 조율할 것"을 권유했다. 즉 "수뇌부의 구상"을 타파하고 무장투쟁의 "보편성"을 강조하는 동시에 전 민족적 차원의 혁명당, 즉 목표를 민중 안에 두고 당 간부가 민중의 인정을 받는 당을 건설할 것을 제안했다.(310쪽 이하) 그러나 그는 자신이 쓴 게릴라 입문서에서 정초한 테제들을 그 이상으로 수정할 이유를 느끼지는 못했다. 오히려 그는 거의 도전적인 어조로 이렇게 말하고 있다. "파르티잔 투쟁에 대한 나의 신뢰는 그 어느 때보다도 크다."(309쪽)

볼리비아 일기

1967년 10월 8일 체 게바라가 볼리비아 정부군에 생포되었을 당시 그의 배낭에는 수첩과, 게바라가 볼리비아로 오는 도중 중간 기착지였던 프랑크푸르트 암마인에서 구입한 휴대용 달력도 들어 있었다. 여기에 게바라는 게릴라 부대의 모든 활동을 빠짐없이 꼼꼼히 적어 넣었다. 볼리비아 군이 이 일기들을 가져갔는데 그 전에 현장에 있던 CIA 요원 펠릭스 로드리게스는 이 일기들을 카메라로 찍을 수 있었다. 이 일기의 사본 한 부가 여러 경로를 돌아 마침내 쿠바에까지 당도했고 이것은 1968년 7월 1일 수십만 부가 무가로 배포되었다. 이와 거의 동시에 이 기록들은 《볼리비아 일기》라는 제목으로 독일과 프랑스, 이탈리아, 미국 그리고 기타 수많은 나라들에서도 출간되었다. 이때 빠진 몇 장은 나중 판에 보충되었다.

93쪽 이하 참조

《볼리비아 일기》는 게바라의 글 가운데 가장 유명한 것이라고 봐도 무방하다. 이 글이 대중적 인기를 끈 것에는 몇 가지 요인이 작용했던 것으로 보인다. 우선 그를

CHE GUEVARA

《볼리비아 일기》의
마지막 기록

증언하는 마지막 자료이며 그렇기 때문에 그가 의도하지는 않았지만 결과적으로 무장혁명 좌파에 대한 그의 유언이 되었기 때문이다. 또 하나의 이유는 게바라가 자신이 쓴 기록을 추후 수정할 기회가 없었다는 것이다. 이러한 사정은 쿠바나 콩고에서의 게릴라전에 대한 그의 기록들의 경우와는 다르며 또 수정을 가하는 그의 습관과도 배치된다. 이러한 사실성은 궁극적으로 글쓴이의 육체적, 정신적 상태를 말해 줄 뿐 아니라 전 세계적으로 유명한 게릴라전 이론가가 직접 지휘한 게릴라 거점의 구축 과정과 기능 방식을 상세히 들여다볼 수 있게 해주기도 한다. 그렇기 때문에 어떤 면에서 《볼리비아 일기》는 게바라가 자신이 쓴 입문서 《게릴라전》에서 했던 일반적 고찰들의 실제 적용 사례를 보여 주는 것이기도 하다.

'게릴라전'
120쪽 이하 참조

일기는 1966년 11월 7일 볼리비아 동남부 낭카후아추에 도착한 시점에서 시작되고 체포되기 전날인 1967년 10월 7일에서 끝난다. 그는 게릴라 부대가 행하는 모든 일들, 즉 계획과 결정사항, 참가자, 그들의 분위기와 몸 상태를 정밀하게 기술했고 그들의 무장투쟁과 관련된 어려움이나 정치 뉴스에 대해 평가했으며 시간과 장소, 거리, 고도 등도 기록했다. 요컨대 이 일기를 통해 볼리비아 게릴라 부대의 추이를 아주 세세하게 추적할 수 있으며 아울러 이들이 실패한 이유와 정황의 많은 부분도 추출이 가능하다. 볼리비아에서 실패한 이유와 정황은 1965년 콩고에서 실패를 가져온 이유나 정황과는 여러 모로 달랐다. 처음부터 게바라는 통일된 하나의 사령부를 고집했다. 공산당 당의장 마리오 몬예의 야심에 대항해서 게바라는 하나의 사령부를 주창했다. 세심한 준비와 수주에 걸친 불모의 고산지대 훈련 끝에 그는 군대를 구성해 여기에 의지할 수 있었다. 이 군대는 군사적 경힘이 매우 적었고 간헐적으로 전체 분위기가 동요되기도 하고 산발적으로 탈락자가 나오기도 했지만 도덕이나 기강만큼은 전반적으로 훌륭했다. 이 부대가 몇 차례의 전술적 실책과 개인적 실수에도 불구하고 수적으로 우위인 적에 대해 우세한 위치를 점할 수 있었던 것도 이러한 이유 때문이었다.

고립과 방향 상실

1967년 3월 23일 전투가 시작되자마자 게바라 그룹은 라파스와 아바나에 있는 연락책들과의 접촉이 완전히 끊겼다. 그들은 완전히 고립무원의 상태였으며 외부로부터의 병력 지원도, 또 다른 부대의 협력지원도 전혀 기대할 수 없었다. 그들이 직접 맞대면하고 있는 주위 환경도 마찬가지였다. 이 지역의 토착 농민들은 이들에 대해 방관적인 자세로 지켜보거나 두려워하거나 적대적인 태도를 취했던 것이다. 이들 가운데 게릴라 대원으로 합류한 사람은 하나도 없었다. 이러한 상황은 게바라의 게릴라군이 운신할 수 있는 폭을 제한했을 뿐 아니라 결국 게바라와 그의 게릴라 부대가 빈번히 며칠씩 방향을 잃은 채 식량도 없이 밀림을 헤매게 하는 결과를 가져왔다. 이러한 이중의 고립은 종국적으로 파국을 가져오게 된다. 한 농부의 제보로 정부군에 포위된 상태에서 그 지역에 대한 정확한 정보도 없이 이들은 1967년 10월 8일 라히게라 인근 유로 협곡에서 궤멸당한다.

《볼리비아 일기》는 이 게릴라전을 재구성할 수 있게 하는 자료일 뿐 아니라 게릴라 사령관의 개인적인 어려움을 말해 주는 기록이기도 하다. 6월 중순부터 열과 설사를 동반한 극심한 천식의 기록이 잦아진다. 증상을 완화해 줄 약품이 거의 없었고 그나마 종국에는 완전히 떨어졌다. 그는 잠을 이룰 수 없을 때도 있었고 또 어떤 때는 너무 기력이 떨어져서 버새를 타고 간신히 진군할 수 있었으며 다른 동료들이 그의 배낭을 메야 했다.

항상 자신에게나 자기 휘하 부대원들에게나 극단을 요구하던 게바라로서 이러한 참경은 참을 수 없는 고통이었음에 틀림없다. 특히 쿠바나 콩고 게릴라 시절과는 달리 부대원들의 안녕과 생존을 홀로 책임지고 있는 상황에서는 더욱 그러했을 것이다. 그는 사력을 다해 육체의 스러짐에 저항했지만 그러한 영락의 과정을 멈출 수는 없었다. 결국 몸 상태가 점점 더 불안정해졌고 이러한 과정은 패전의 소식이 누적될수록 가속화되었다. 때때로 그는 의욕을 상실한 채 결단을 망설이는 모습까지 보였다. 또 그는 종종 자기 통제력을 상실하고 전우나 짐 부리는 짐승들을 가혹하게 대하기도 했다. '사령관 체'는 종국에는 육체적, 정신적 폐인이 되었던 것으로 보인다. 그러나 기이한 것은 정부군의 포위 사실을 더는 부인할 수 없게 된 9월 26일 이후 일기의 어조가 갑작스레 다시 차분해진다는 점이다. 사기 저하나 육체의 궤멸에 대한 이야기도 없고 낙관적 견해를 피력하는 말도 없다. 게바라가 이 시점부터는 자신의 운명을 예감하고 간신히 기록만 한 것으로 보인다.

> 체 게바라의 《볼리비아 일기》는 그의 가장 직접적인 육성이며 가장 인간적인 진술이다. …… 우리의 심상에 어울리지 않게 고난을 당하는 벌거벗은 체의 모습을 낱낱이 드러내 보여준다. 수사도 끝나고 허상도 끝나고, 변론술도 알아들을 수 없는 말도 다 끝났다. 자신의 죽음을 향해 나아가면서 자기 휘하 사람들을 움직이고 적과 대결하도록 독려한 한 위대한 인간의 보고서만 남았다.
>
> Andrew Sinclair, 《Che Guevara》, 106쪽

한 게릴라 부대와 그 지휘자의 생존 위기를 미화하지 않고 상세하게 촘촘히 기록한 《볼리비아 일기》는 아마도 유일무이한 혁명 비극의 기록물일 것이다.

영향
Wirkung

일명 체로 불렸던 에르네스토 게바라는 얼굴만 잘 알려진 것이 아니라 그의 사상과 활동도 전 세계에서 널리 주목을 받아 왔다. 게바라의 수용 양태는 심한 거부에서 무비판적 동의까지 실로 넓게 퍼져 있다. 이 장에서는 그를 전적으로 또는 부분적으로 긍정 수용한 정치적 입장과 정치운동들을 중점적으로 다룰 것이다. 이러한 정치적 입장과 운동에서도 상당한 격차들이 존재하는데 이는 체 게바라의 이론과 실천을 논의하는 정치적 맥락이 상이한 데서 나오는 격차이다.

특정 시대, 특정 장소에 따라 체 게바라를 해석하는 지배적 관심사가 다르다는 것을 확인할 수 있는데 전기나 정치 이론들이 그 대표적인 사례이다. 그렇지만 이러한 시대, 장소에 따른 관심사들은 엄격한 시간 순서로 배열할 수 있는 것도 아니며 또 하나의 체계를 전제하는 나라 특유의 표본 또는 이데올로기적 표본으로 추출할 수 있는 것도 아니다. 그렇기 때문에 엄격한 의미에서 체 게바라의 단일한 영향사는 없으며 다양한 영향사들이 있을 뿐이다. 이러한 여러 개의 영향사들은 평행선을 긋기도 하고 서로 연결되거나 중첩되기도 한다.

CHE GUEVARA

국가 공인 영웅

혁명가들은 통상 정치적 또는 사회적 관계의 전복을 꾀하는 사람들 사이에서 숭배자를 만나게 마련이다. 권력을 쥔 자들도 혁명가를 모범으로 격상시키면서 자기 권력의 정당성을 훼손하지 않을 수 있음을 체 게바라를 숭배하는 쿠바와 동독의 예에서 볼 수 있다.

'체의 신화'
쿠바의 경우
쿠바에서는 공적 차원에서 '체의 신화'를 조장하는 발빠른 장려책을 썼다. 1959년 이후로 카리브 해의 섬나라를 확고부동하게 장악하고 있던 피델 카스트로가 그 누구보다도 앞장서 '체의 신화'를 독려한 장본인이었다. 그는 '사령관 체'의 아우라와 인기를 자신을 위해 이용하는 동시에 자기에게 맞게 길들이는 방도를 늘 마련해 두는 사람이었다. 그것은 게바라 생전에도 그랬고 그의 사후에는 더욱 그랬다. 카스트로가 이러한 일을 성취했다는 것은 그의 탁월한 정치적 업적이며 이러한 업적에 게바라 자신이 결정적인 기여를 했음은 물론이다. 게바라는 쿠바에서 정치적 책임을 지고 있던 시기 내내 카스트로의 지도력을 한 번도 의문시한 적이 없었고 공식석상에서는 카스트로의 말을 인용함으로써 '영도자 (máximo líder)' 와의 일치를 과시적으로 내보였다. 그는 카스트로가 공식적으로 그어 놓은 정치적인 선을 번번이 넘어서곤 했지만 '영도자' 가 그 저지선이었고 이러한 역학관계는 게바라가 경제정책과 특히 대소련 적대로 난생 처음 카스트로의 불편한 심기를 살펴야 했던 1964년까지 지속되었다. 그러나 이러한 불편한 관계는 어느 한쪽의 체면을 손상하지 않고는 해소될 수 없는 것이었다.

게바라가 모든 공직에서 물러나고 대중의 시야에서 사라지는 결과를 가져온 이러한 의견 충돌은 게바라 측의 기묘한 항복의 제스처로 끝을 맺었다. 게바라가 카스트로에게 보낸 저 유명한 작별의 편지에는 다음과 같은 대목이 있다. "지금까지 내가 걸어온 삶을 되돌아보면 상황이 요구하는 진정함과 헌신으로 혁명의 승리를 공고히 다지는 일에 매진했다고 나는 생각합니다. 단 하나 나의 중대한 잘못은 시에라마에스트라 시절 초창기부터 당신에 대한 신임을 거두고 지도자, 혁명가로서의 당신의 능력을 재빨리 알아차리지 못했다는 것입니다. 내가 겪은 나날들은 참으로 위대했으며 10월 위기의 찬란하고도 지난한 나날들을 당신 곁에서 지내며 우리 국민의 일원이라는 사실에 대해 당당한 자부심을 느꼈습니다.

카스트로에게 보낸 작별의 편지

CHE GUEVARA

그 시절 당신같이 빛을 발하는 정치인은 거의 찾아볼 수 없었습니다. 그래서 나는 그 시절 흔들림 없이 당신의 뒤를 따를 수 있었던 것에 대해서도 여전히 자랑스러움을 느끼며 아울러 생각을 전개하고 위험과 원칙을 간파하고 가늠하는 당신의 방식을 가지고서 나 자신의 존재를 확인할 수 있었던 것에 대해서도 영광으로 생각하는 바입니다."(AW 5, 33쪽 이하)

이러한 고백만 보더라도 과거 부하린(Bucharin)의 고백과 거의 다를 바가 없다. 부하린은 1938년 모스크바 공개법정에서 자신의 허위 죄과를 시인함으로써 자신을 처형하는 사람들의 행위를 역사 앞에 정당화시켜 주었던 인물이다. 카스트로와 나란히 쿠바에서 대중적 인기를 가장 많이 누리고 있던 인물이 미래를 위해 피델에게 도덕적 백지수표를 발행한 셈이었다. 이것은 심지어 카스트로가 자신이 내건 원칙들을 게바라를 빌미로 내세워 철폐하게 되는 경우까지 계산에 넣은 것이었다. 이러

> 그가 지금 쿠바에 우리와 함께 살아 있었으면 하는 것이 우리의 당연한 바람이었다. 그러나 그의 죽음이 우리에게 엄청난 도움이 되었음이 엄연한 사실이다. 체가 이러한 식으로 죽지 않았더라면 아마도 우리는 그 긴 시절 내내 그 정도의 혁명적 연대를 경험하지 못했을 것이다.
> 산티아고, 쿠바 비밀요원, 90년대 중반,
> Anderson, 2002, 678쪽

한 경로를 통해 카스트로는 예컨대 1965년 7월 26일 산타바바라에서 실물보다 더 큰 게바라의 초상 앞에서 아무런 거리낌 없이 자신이 세웠던 원칙들의 폐기를 선포할 수 있었던 것이다. "자신이 그러한 일에 맞는지 아닌지에 아랑곳 하지 않고 단지 의무감에서 자신의 최선을 다하기 위해 사탕수수 수확에 참여하라고 대중 전체를 독려하려 한다면 그것은 불합리한 일일 것이다."
(Castañeda, 1998, 379 쪽)

게바라의 작별 서한에 쓰인 용어들은 다름 아니라 피델 카스트로에 대한 무조건적 충성과 그의 지도자적 자질에 대한 맹목적 신임을 요구한 것이었다. 전설적인 '사령관 체'가 살아서 카스트로에게 보여 줄 수 있는 충성으로 이보다 더 큰 것은 없었을 것이다. 카스트로도 이러한 사실을 충분히 알고 있었을 것이다. 그렇게 볼 수밖에 없는 것이, 볼리비아의 게릴라 거점이 미국에게 제2의 베트남의 경우로 전화될 수 없다는 사실이 너무나도 확실해진 뒤에 카스트로가 게바라를 도우려는 어떠한 노력도 기울이지 않았다는 사실은 달리 해석할 길이 없기 때문이다. 어떠한 경우였건 카스트로에게 지도자의 자격을 인정해 주는 것이 어디까지나 게바라의 마지막 의지였던 셈이다.

다른 한편으로 카스트로는 전설을 신화로 전환하는 일

CHE GUEVARA

영웅 숭배 에 즉각 착수했다. 1967년 10월 15일 게바라가 죽었다는 소식을 확인해 주는 텔레비전 연설에서 카스트로는 그의 공적들을 높이 찬양하며 다음과 같이 슬픔을 표현했다. "우리가 그를 좋아하는 것은 민중의 승리를 앞에서 이끈 선구자의 면모보다는 민중의 위대한 승리를 주조한 창시자의 면모 때문입니다. 그러나 이러한 기질, 이러한 개성, 이러한 성격을 지닌 사람, 또 특정한 상황 앞에서 이처럼 늘 똑같이 행동했던 사람은 안타깝게도 현실에서는 이러한 민중의 승리의 창시자이기보다는 선구자로서의 사명을 받았습니다."(Nussbaum, 1968, 27쪽) 이 연설을 통해 카스트로는 게바라가 죽은 날을 국가 기념일, 즉 '영웅적 게릴라의 날'로 선포하는 내각 평의회의 결정도 함께 알렸다. 이것은 영웅을 추모하는 전통적인 방식에서 한 치도 어긋남이 없는 수순이었다. 즉 죽은 자를 찬양하고 이와 동시에 그를 선구자로 드높여 거리를 두는 방식이었다.

사흘 뒤 거행된 장례식에서 카스트로는 수십만 청중 앞에서 새로운 도약의 걸음을 내딛었다. 즉 체 게바라를 "혁명가의 온전한 구현자 …… 한 치의 오점도 없이 삶의 전환을 이룩한 인간"으로 이상화했던 것이다. "우리 동시대 인간이 아닌 미래의 인간을 모범으로 삼고자 한다면 체가 …… 바로 그러한 모범임을 깊이 확신하는 바이며 이것이 나의 진심"이라고 열변을 토함으로써 카스트로는 이미 미화의 길로 들어선 인물을 체험적 역사의 차원으로부터 완전히 몰아냈다. 이러한 수순은 그리스도를 흉내 내는 구상을 취하고 있기 때문에 전혀 새로운 발상이라고 할 수는 없지만 영웅을 숭배하는 전통적인 방식과는 질적으로 완전히 다른 것이었다. 왜냐하면 이러한 숭배의 방식은 카스트로에게 게바라가 세운 목표, 즉 새로운 인간의 창조의 첫 삽을 뜨는 것과 그것의 실현 사이에서 운신할 수 있는 여지를 마련해 주는 것이었기 때문이다. 중요한 것은 그러한 목표에 이르는 도정이 아무리 힘겹고 복잡하게 뒤얽힌 것이라고 하더라도 그 도정에서 피델 카스트로의 지도자적 자질에 대한 신뢰를 잃지 않도록 하는 것이었다. 바로 이것이 체 게바라가 작별 편지에서 표현한 바람 아니었던가.

그리스도의 모방

아주 섬세한 정치 감각을 지닌 카스트로는 한 걸음 더 나아가 이렇게 설명했다. "우리가 우리 아이들에게 바라는 바를 표현하자면 우리는 당연히 아주 깊은 혁명적 확신을 가지고 이렇게 말해야 할 것이다. 우리의 아이들이 체처럼 되기를 우리는 바란다고."(AW 1, 16, 21쪽) "그러니 체처럼 되라"는 이 말로 카스트로는 지금까지도 쿠바에서 통용되는 도덕적 태도의 공식을 만들었고 그리스도적 이미지를 차용하면서 최소한 한 세대에게만큼은 재림이 연기되는 데 따를 실망에 대해 미리 방책을 강구한 것이었다. 과거를 이상화해서 미래에 투사하고 이를 행복의 약속으로 격상시키는 이 방책은 '신화 체'를 쿠바 정부가 국가적 차원에서 변용한 것이다.

카스트로와 소련 게바라가 죽은 뒤 몇 달간 카스트로는 몸소 게바라의 자취를 다시 한 번 더듬는 것처럼 보였다. 노동을 독려하는 도덕적 유인들을 다시 강조하면서 국제주의적 활동들을 강화했다. 그리고 쿠바 정부는 소련이 볼리비아에 있는 게바라의 게릴라 부대를 포함해서 제3세계 해방운동과의 연대를 실행하지 않는다고 비난함으로써 게바라가 알제리 연설에서 포문을 연 대소련 대결 노선을 취했다. 소련의 지도부는 그러한 '게바라주의적' 책동들을 오랫동안 용납하지 않았다. 1968년 여름 아바나 주재 대사가 교체되었고 대쿠바 경제지원도 급감했다. 이에 카스트로는 방향을 선회해 소련의 체코 침공을 정당화했고 1969년 초 소련을 방문한 뒤 사회주의 진영에서 소련의 주도적 지위를 종국적으로 인정했다. 이것은 이데올로기, 경제정책, 외교정책상의 온갖 함의를 지니는 것이었다. 그러한 방정한 품행에는 보상이 뒤따랐다. 1972년 쿠바는 상호경제원조회의(COMECON)의 전권 회원국으로 가입되었고 1974년 레오니드 브레즈네프(Leonid Breschnew)가 소련 국가 수뇌로서는 처음으로 카리브 해의 나라를 방문했으며 이듬해 쿠바는 1970년 소련의 압력으로 중지했던 혁명의 수출을 재개해서 앙골라와 에티오피아에 군대를 파견할 수 있었다. 이번 파병은 물론 모스크바의 승인 하에 이루어진 것이었다.

학동들이 수업이 시작되는 아침에 '우리는 체처럼 되리'라고 노래를 불렀지만 그것을 제외한다면 쿠바는 공식적인 차원에서 체 게바라에 대해 함구하고 있었다. 그러던 것이 1984년 미하일 고르바초프(Michail Gorbatschow)가 총서기에 오르자 카스트로의 입장에서는 페레스트로이카가 자신의 통치권 내에서도 재연

> 우리는 체처럼 될 것이다. 그는 상징적 존재이며 단지 상징적 존재로만 이해해야 한다. …… 우리가 행하는 그 어느 것도 우리를 게바라에게서 떼어놓는 것이 아니다. 우리가 행하는 것은 모두 우리를 게바라에게 더 다가가게 한다.
>
> 쿠바 부통령 Carlos Rafael, Rodríguez 1983, Hetmann, 1984, 122쪽

될지 모른다는 두려움을 품지 않을 수 없게 된 시점에서 사정은 비로소 달라졌다. 새로운 크렘린 수뇌가 쿠바에서 인기를 끌 것에 대비해서 "카스트로는 이미 죽은 영웅 체 게바라와 그가 살았던 시대의 신화와 평등주의적 엄숙주의를 대치시키는 데 전력을 다하고"(Skierka, 2002, 320쪽) 1986년 "오류 수정" 운동의 포문을 열었다. 이 중요한 요직의 인물이 "체의 이념들에 대한 부정, 그의 혁명적 사고와 그의 스타일, 그의 범례, 그의 구상들에 대한 부정"을 "바로잡아야"(AW 3, 9쪽) 할 오류에 포

체 게바라의 복권

함시킨 것이다. 이러한 선전 목적의 게바라 재가동은 그의 경제정책 관념들도 포함하는 것이었고 무엇보다도 게바라가 줄기차게 주장했던 원칙, 즉 자발적 노동의 원칙 그리고 이러한 원칙을 통해 표현되는 물질적 유인에 대한 도덕적 유인의 우위의 원칙을 복권시키는 것이 그 목적이었다.

이 시점부터 쿠바인들에게 허리띠를 더 졸라매야 한다고 이야기해야 할 때면 항상 체 게바라의 헌신적 희생의 자세와 1960년대의 이상주의를 다시 불러내는 것은 정해진 순서였다. 그리고 실제로도 그러한 기회들이 없지 않았다. 그러나 최근의 노선 변경, 예컨대 1993년 쿠바에서 미국 달러가 제2 통화로 도입되고 이로 인해 계급이 양분되는 사회의 기틀이 마련되었는데 이러한 새로운 노선이 게바라의 경제적, 정치적 이념들과 합치하는가 아니면 정반대 방향으로 치닫고 있는가 하는 것은 중요하지 않았다. 혼란이 더해지는 것을 피하기 위해 게바라는 숭고하고 순수한 영웅이라는 상투적 이미지로 다시 축소되는 길을 걸어야 했다. 1997년 산타클라라에 특별 묘역이 조성된 이후로 이 영웅에 대한 숭

산타클라라에 세워진 체 게바라 입상

배 의식은 마치 성인을 방불케 한다.

그러한 상황이었기 때문에 쿠바 지도부로서는 '신화적 존재 체'에 대해 공적 차원에서 이의를 제기할 아무런 이유가 없었다. 당시 쿠바 공산당 정치국원이었던 아르만도 하르트 다볼로스(Armando Hart Dávolos)는 1997년 베를린에서 열린 체 게바라 국제 학술회의에서 "민중은 그 내면에서 강렬한 신화가 자라날 때만이 새로운 것을 창조할 수 있다"(체 게바라 국제학술회의, 1998, 26쪽)라고 천명한 바 있다. 그러나 이러한 신화를 어떻게 해석해야 할 것인가 하는 문제는 분명 아직 미결이라고 그는 덧붙였다. 그러나 최소한 신화를 해석할 자격이 누구에게 있는가 하는 문제에 대해서만큼은 30년 전 1967년 10월 18일 카스트로가 답변을 한 적이 있다. "체는 전 인류에게 유산을 남겼다. 그것도 아주 위대한 유산을. 그를 잘 알고 있는 우리들은 그의 방대한 유언을 집행하는 역할을 하게 될 것이다."(AW 1, 21쪽)

정부 차원에서 카스트로가 취한 노선에 동의하지는 않지만 쿠바 혁명을 지키고 싶어 하는 모든 이들에게 체 게바라가 그들의 실현되지 못한 꿈을 비추는 영사막으로 받아들여진 것은 당연하다. 그가 그렇게 젊은 나이에 죽지 않았다면 이 모든 사태의 진행을 차단하고 달리 길을 마련할 수 있었을까? 구체적인 상황이 어려울수록

낭만적 저항

완성되지 못한 영웅의 삶의 역정은 더더욱 찬란한 법이다. 소련에서의 레닌에 대한 인식을 생각나게 하는 이 사례 또한 이상화의 한 형식이며 국가가 추진하는 이상화에 못지않게 대상을 미화하는 정도가 심하다. 그럴 수밖에 없는 것이 체를 기제로 카스트로를 비판할 수 있으려면 이제는 카스트로가 대표하는 체제의 기초들을 만드는 데 게바라도 참여했었다는 사실을 잊어 버려야 하기 때문이다. 즉, 급작스런 경제정책상의 노선 변경을 수행하고 도덕적 과오에 대해 수용소 형을 내리고 촘촘한 감시체계를 도입하고 어떠한 형태의 정치적 의결의 제도화에 대해서도 백안시하며 학교까지 포함해서 전사회를 군대화하는 체제의 토대를 닦는 데 게바라도 언제나 혁명의 이름으로, 혁명적 도덕과 기강의 이름으로 참여한 것이 엄연한 사실이었다. 그러나 체를 피델을 대체할 반대 인물로 부상시키는 열광적인 회고의 물결 앞에서 체의 이러한 측면은 희미해지기 마련이었다. 그러나 이러한 회고의 물결이 공식화된 체의 신화를 대체할 현실적 대안을 만들어 내기에는 역부족이었다. 그것은 체에 대한 도취적인 회고가 공식적인 체의 신화와 거의 분간할 수 없을 정도로 닮아 있기 때문이다. 피델 카스트로나 앞서 말한 낭만적 저항세력이나 모두 자

> 조국을 위해 목숨을 바치는 것이 곧 사는 길이다.
> 　　　　　쿠바 도처에 내걸린 구호

신을 내던지는 순수하고 흠잡을 데 없는 체를 딛고 서 있기는 매일반이다. 이것은 어느 한편에는 위로가 되고 다른 한편에는 정권의 정당성이 된다. 그러나 양쪽 공히 '신화로서의 체'가 계속 살아남기 위한 확실한 토양이 된다.

이러한 여건 하에서 체 게바라의 생애와 영향을 학문적으로 논구하는 것이 얼마나 어려운 일인지는 오늘날까지 쿠바에서 '공식적인' 전기가 나오지 않고 있고 카스트로 생전에 그러한 전기의 출간은 기대하기 어렵다는 사실에서도 알 수 있다. 어쨌든 1990년대에 아바나에 체 게바라연구소가 생겨 그의 유고를 추려 일기, 짧은 글, 연설 등등을 간간히 발간하는 일을 주 업무로 삼고 있다. 이 연구소 소장은 체의 두 번째 부인 알레이다 마르쉬이며 그의 아들 카밀로도 이 연구소에서 일하고 있다.

동독에서의 체 게바라 수용

동독에서는 체 게바라가 공식 승인된 신화로 격상되지 않았다는 점에서 쿠바의 경우와는 달랐다. 동독에서 체 게바라는 '특정 부문의 영웅', 즉 분야가 한정된 영웅 정도밖에 되지 못했다. 더구나 이러한 역할도 그의 사후에 추인된 것이었다. 그는 살아 있는 동안 동독 지도부의 눈에는 역사책에 포함되기를 기다리는 극히 불투명한 후보에 불과했다.

그러나 관심의 첫 단계는 온통 장밋빛이었다. 동독에서도 바티스타가 무너진 후 새 쿠바 정부가 어떤 정치적 노선을 취할지 촉각을 곤두세우고 주시하고 있었다. 쿠바의 경제정책이 사회주의 국가들 쪽으로 기우는 것을 알아차린 사람들은 안도의 숨을 쉬며 환호했다. 게바라를 "피델의 귀 속에 있는 빨간 벼룩"(Niess, 2003, 70쪽)으로 간주한 것은 비단 서방언론들만은 아니었다. 쿠바가 사회주의권으로 방향을 튼 공과의 상당 부분을 동독 사람들은 게바라에게 돌렸다. 그리고 쿠바의 지도적 정치인들 가운데 공산주의에 대한 신봉을 공표한 사람은 그 시점까지는 게바라가 유일했다. 그래서 게바라는 새 쿠바 체제에 대한 지지를 얻기 위해 여러 차례 긴 여행을 하는 도중인 1960년 12월 동독을 방문했을 때 성대한 영접을 받지는 못했지만 진심어린 따뜻한 환대를 받을 수 있었다. 부대적인 문화행사와 본래 의제인 경제협상 외에 베를린 시 명사 방명록에 서명하고 훔볼트 대학으로부터 명예박사학위를 받는 의전 순서가 마련되어 있었다. 이후 두 나라 간에 경제 및 문화정책 과 관련하여 접촉이 많아졌다. 1962년 게바라의 게릴라전 입문서인 《파르티잔 전투》가 동독 군 출판부에서 5000부 출간되었는데 이는 곧 게바라에 각별한 의미를 둔다는 표현인 셈이다. 이 책이 출간된 시점은 서독 학생운동 진영이

스스로 이 혁명가의 존재를 발견하고 그로부터 6년 후 서독에서도 이 책이 발간되기 한참 전이었다.

그러나 이 문서가 출간되는 것과 거의 동시에 혼란의 징 **혼란** 후들이 나타나기 시작했다. 1963~1964년의 "계획논쟁" 과 관련해서 게바라가 발표한 글들이 그 원인이었다. 특히 1962년 쿠바 위기 이후 모스크바가 들고 나온 양 체제의 '평화공존'의 기치에 대한 게바라의 비판이 나날이 첨예해지고 있는 상황이었다. 그러자 동독 지도부는 게바라를 친중국적 입장을 표방하는 일이 점점 많아진다는 이유를 들어 불만분자, 정치적 떠돌이로 점차 간주하게 된다. 1960년대 초반 모스크바와 베이징의 관계가 결렬되고 양국이 사회주의 진영 내에서의 주도권을 두고 쟁투하게 된 이후 게바라에 대한 비난은 이만저만한 것이 아니었다.

1965년 2월 게바라가 알제리에서 소련을 미제국주의와 결탁했다고 비난했을 때 독일사회주의 통일당(SED) 당원들은 게바라에 대해 자기들의 불신이 옳았다고 판단했다. 1965년 10월 말 작성된 아바나 주재 동독 대사관 측의 분석 자료에는, 이 연설은 "개인의 과오"가 아니라 "하나의 전체적 구상이 낳은 의도적 결론"이라고 단정지어져 있다. 이 자료를 통해 쿠바 지도부 안에 이견들이 있음을 확연히 알게 된 사람들은 게바라가 이데올로

> 쿠바 지도부는 "게바라에게서 고결한 해방 전사의 유산만
> 을 취하려(카밀로 시엔푸에고스의 경우와 비슷하다)" 한다.
> 동독 대사 요네(Johne)가 동독 외무장관 대리
> 슈티(Stibi)에게 보낸 1965년 10월 12일자 서한,
> Skierka, 2002, 228쪽

기적, 정치적 지도자의 위치에서 카스트로를 몰아내려고 기도했지만 실패했다고 억측하기까지 했다. 이러한 마당에 게바라가 갑자기 사라지자 사람들은 "'성가신' 사람은 …… 장기간, 또는 단기간 '휴가'를 보내거나 외국으로 보내는 것"(Skierka, 2002, 227쪽 이하)이 쿠바의 상례라고 설명했다. 잠잠해진 분위기는 오래가지 않았다. 1966년 9월 아바나 주재 동독 대사관은 새로운 보고를 올렸고 이 보고는 동독의 지도부를 발칵 뒤집어 놓았다. 게바라 추종자들을 일컫는 "급진좌파 극단주의자들"의 영향으로 카스트로가 "본격적인 살인 광풍"을 몰아치고 있으니 이 광풍을 "효과적으로 멈추게" 해야 한다는 내용이었다. 쿠바 지도부가 세계 혁명을 추진하고 그럼으로써 "사회주의 국가들을 지금까지보다 더 광범위하게 확립하기"(Skierka, 2002, 243쪽 이하) 위해 아시아와 아프리카, 라틴아메리카에서 수많은 분쟁의 불씨를 불어 일으키려고 전력투구하고 있다는 것이었다. 그랬기 때문에 동베를린의 당원들은 게바라의 게릴라 부대

가 볼리비아에서 결국 실패했다는 소식을 접하고 약간의 안도를 하게 된 것으로 보이며 이렇게 안도의 한숨을 내쉬기까지 족히 1년은 넘게 걸렸다. 그러나 게바라의 실패는 동시에 카스트로의 국제적 야심들에 잠정적 종언을 고하는 것을 의미하는 것이기도 했다.

1968년 가을 카스트로가 소련의 주도권 주장에 굴복하고 나서는 동독에서 게바라를 재평가할 수 있는 길도 열렸다. 정치적 이해관계에서 역사를 장악하는 작업이 즉각 착수되었고 이것은 잠시 내놓았던 아들을 데모를 하고 있는 서방의 대학생들에게만 맡겨두지 않기 위해서이기도 했다. 11월 들어 새로 창간된 외교정책 잡지 《지평(horizont)》 1호에 체 게바라의 《볼리비아 일기》의 사진이 실렸고 이것을 기점으로 게바라 재평가 작업이 시작되었다. 편집진 서문에는 다음과 같이 쓰여 있다. "우리 시대 이 영웅의 고귀한 혁명적 신념, 고결한 도덕적 자질과 희생정신 앞에 우리는 머리를 숙입니다. 그가 남긴 기록들은 무장 해방투쟁의 영원한 기념비이며 그와 동시에 독자들에게 파르티잔 전쟁의 승리를 위해서는 혁명의 객관적 조건들이 필요불가결한 전제이며 그 나라의 상황에 대한 현실적 평가와 주민의 적극적 참여 태세도 필요불가결한 전제라는 사실을 분명하게 알려줍니다." 이 정도로도 분명한 결론에 이르지 못한 사람을 위

재평가

해서 이 잡지는 끝부분에 실은 평가 논문에서 공식적인 해석의 틀을 추가로 제공했다. 즉 국제적 영웅인 체 게바라가 실패할 수밖에 없었던 이유는 공산당의 판단에 귀 기울이지 않고 독단적으로 너무 일찍 게릴라전의 "포문을 연" 때문이라는 것이 그 해석의 틀이었다. 또 이러한 전투의 형식은 나름의 역사적 정당성은 있지만 어떠한 경우에도 일반화될 수 있는 것은 아니라는 판단이었다.

이러한 관점에서 동독은 게바라에게 공산주의 역사에서 확고한 자리, 그러나 분명하게 제한된 자리를 부여했고 그런 점에서 쿠바와는 차이를 보였다. 동독이 종말을 고하기까지 이러한 사정은 변하지 않았다. 1987년 민중과 세계사(Volk und Welt)가 처음으로 《볼리비아 일기》를 단행본으로 낼 계획을 했을 때 외부에서 받은 소견서가 이를 말해 주고 있다. 게바라의 수기들을 엄밀한 마르크스-레닌주의적 분석과 과제와 연결지어 출간한다면 문제될 것이 없으며 이러한 작업은 1970년대에 이미 모스크바의 지휘 아래 이루어진 적이 있다는 것이 이 외부 소견서 내용의 골자이다(베를린연방정부 자료실, DR 1/2389 a, Bl, 527쪽).

동독 내에서 조성된 체 게바라 이미지에 감시의 눈초리를 보낸 것은 비단 당만이 아니었다. 일종의 특별 감독 기관의 역할을 담당하는 여성 당원 나디아 붕케(Nadja

Bunke)도 있었다. 그녀의 딸 타마라는 '타냐'라는 별명으로 볼리비아에서 게바라와 함께 전투에 참가했고 1967년 8월 31일 그곳에서 전투 중에 전사했다. 이러한 전력을 평가해서 타냐는 쿠바에서 '사령관 체'와 함께 국가 영웅에 올랐다. 그리고 1970년 타마라 붕케의 전기가 아바나에서 출간되었다. 두 명의 쿠바 여성 언론인 마르타 로하스(Marta Rojas)와 미르타 로드리게스 칼데론(Mirta Rodríguez Calderón)이 쓴 《Tania la guerrillera inolvidable》은 50만 부가 유포되었다. 나디아 붕케가 간여한 독일어 번역본은 1973년 동독 군 출판부에서 《게릴라 타냐(Tania, la guerrillera)》라는 제목으로 출간되었고 해를 거듭하면서 7판까지 펴내는 성과를 거두었다. 뿐만 아니라 '타마라 붕케'라는 이름은 동독의 '명예로운 이름'이 되어 동독의 200군데가 넘는 집단, 즉 작업반, FDJ(자유독일청년단)클럽, 유치원, 고등학교 등의 이름을 장식했다.

확고부동한 공산주의자이며 SED 당원인 나디아 붕케는 딸 타마라가 죽었다는 소식을 접한 때부터 자기 딸의 명성을 찬양하고 이러한 명성을 그 누구에 대해서도 옹호하는 것을 자기 필생의 과업으로 정했다. 소련의 체 게바라 전기 저자로서 이 책에서 게바라와 소련의 견해차를 지우는 데 심혈을 기울였던 요제프 라브레츠키(Josef

나디아 붕케

Lawrezki)도 바로 그 대상이었다. 1974년 동베를린의 출판사 노이에스 레벤(Neues Leben)에서 이 책의 독일어 번역판이 출간된다는 소식에 나디아 붕케는 이의를 제기했다. 당시 문화부 장관을 대리했던 클라우스 회프케(Klaus Höpke)에게 라브레츠키의 서술에는 "우리의 귀중한 딸에 대한 비방과 왜곡, 믿을 수 없는 날조들이 무수히 많으며 이러한 것들은 대부분 CIA의 중상모략 책동과 제국주의 언론에서 그대로 따온 것"(베를린연방정부 자료실, DR 1/3547, Bl, 496쪽)이라고 탄원했다. 그래서 이 러시아판 전기는 무엇보다도 자신의 딸이 부주의로 인해 볼리비아 정부군으로 하여금 게릴라 부대를 추격하게 했으며 그렇기 때문에 계획의 실패에 간접적인 공동 책임이 있다는 잘못된 추정을 하게 한다는 것이었다. 그 선을 넘어서 나디아 붕케는 SED의 ZK(당중앙위원회) 국제 외교부를 이끌고 있는 파울 마르코프스키(Paul Markowski)와 소련 내각평의회 의장인 알렉세이 코시긴(Alexei Kossygin)도 자기와 같은 견해를 가지고 있노라고 동독의 간부급 관리에게 알렸다. 나디아 붕케는 결국 이 일에 간여하는 데 성공했다. 그녀는 모스크바로 가서 이러한 사태에 아연해 하고 있는 요제프 라브레츠키를 만나 자신이 바라는 대로 책의 내용 수정에 착수할 수 있었고 이렇게 수정된 내용들은 이후 출간된 러시아어판, 독일어판 그리고 기타 언어로 된 판본에 고스란히 수용되었다.

딸의 명예를 위한 나디아 붕케의 십자군 원정은 독일이 재통일된 후에도 계속되었다. 1997년 법원의 판결에 따라 아우프바우(Aufbau) 출판사는 이미 시중에 나와 있는 전기 《체 게바라를 사랑한 여인 타냐(Tania. Die Frau, die Che Guevara liebte)》를 시장에서 거둬들여야 했다. 이 책에는 특히 타마라 붕케가 3중 스파이, 즉 동독 국가 안전부(SSD, Stasi)와 소련 KGB, 쿠바 비밀 정보기관의 첩자라는 우루과이 작가 호세 프리들 차파타(José Friedl Zapata)의 주장이 포함되어 있었다.

나디아 붕케는 2003년 죽는 순간까지 굽히지 않고 '게릴라 타냐'의 이미지를 순수하게 지켜 냈다. 더욱 놀라운 것은, 물론 동독과 쿠바의 고위급 간부들의 실질적 지원이 있기는 했지만, 그래도 일당 독재 체제 속에서 단신의 투사로서 나디아 붕케가 이러한 작업을 통해 간접적으로 체 게바라에 대한 인식에도 영향을 줄 수 있었다는 사실이다. 그럴 수밖에 없는 것이 성녀 타냐의 후광은 자연히 체 게바라의 이미지에도 영향을 주기 때문이었다. 이렇게 해서 동독에서도 적어도 비공식적 차원에서는 '신화적 존재 체'의 기틀이 마련되었다.

CHE GUEVARA

게릴라전의 모범

실패한 혁명가는 존경의 대상이 되고 심지어 어떤 경우에는 비극의 주인공으로 숭앙의 대상이 되기도 한다. 이러한 경우 그 인물에 대한 찬미는 대개 거리를 둔 찬미의 선을 넘지 못한다. 그것은 실패의 사실 하나만으로도 그를 자기 쪽으로 끌어들이기가 어렵기 때문이다. 오늘날의 상황을 보면 체 게바라도 이러한 경우에 해당된다는 느낌을 떨치기 어렵다. 그렇지만 게바라는 볼리비아에서 실패하기 전만 해도 피델 카스트로를 보좌하며 쿠바에서 싸워 빛나는 승리를 거두었고 이 승리는 곧 라틴아메리카의 모든 혁명분자들 사이에 출정의 분위기를 한껏 진작시켰다. 불과 몇 년 사이에 쿠바를 모범으로 조직된 '게바라주의적' 또는 '카스트로주의적' 게릴라 부대가 쿠바 측의 착수나 지원으로 과테말라, 베네수엘라, 콜롬비아, 페루, 아르헨티나 등지에 속속 생겨났다. 이때 생겨난 거의 모든 게릴라 부대들이 볼리비아에서 게바라가 직접 지휘했던 게릴라 부대와 다르지 않은 운명의 길을 갔다. 그의 죽음은 쿠바 혁명을 수출하고 '안

'게바라주의'
게릴라군들

데스 산맥을 라틴아메리카의 시에라마에스트라로' 변화시킬 수 있으리라는 카스트로의 희망을 최종 무산시켰다.

그러나 그 이후에도 라틴아메리카에서 게릴라 운동이 여러 갈래로 계속되었다. 이들은 엄격하게 쿠바의 모델을 지향하는 데서는 벗어나 있었지만 여전히 체 게바라의 여러 이념들, 특히 그의 생애에서 영감을 길어 올렸다. 우루과이의 도시게릴라 투파마로(Tupamaro)와 멕시코의 사파티스타가 펼친 운동은 그러한 게바라 '수용'의 아주 다른 두 형태였다.

체 게바라의 견해를 따랐다면 우루과이에는 게릴라 부대가 처음부터 존재할 수 없었을 것이다. 게릴라전을 어엿한 하나의 방법으로 승격시킨 이후 게바라는 성공할 수 있는 게릴라 거점 구축의 최적 조건들은 농촌에 있다고 줄곧 주장했다. 게바라는 도시게릴라에 대해서는 언급조차 하지 않았고 지원기능을 수행할 '도시 외곽에서의 게릴라 활동'만을 부수적으로 다루었을 뿐이다. "무엇보다도 도시 외곽 지역에서는 게릴라 소대들이 자생할 수 없음을 확실히 알아야 한다."(AW 1, 91쪽) 이러한 신념은 시에라마에스트라 게릴라 시절 게바라가 늘 염두에 두었던 분노, 즉 게릴라에게는 꼭 필요한 금욕적 태도가 도시생활의 편리함에 좀먹힌다는 인식을 밑에

우루과이 도시게릴라

> 산지는 시민과 농민을 프롤레타리아로 '만들지만' 도시에서는 프롤레타리아조차 시민이 될 수도 있다.
> Régis Debray, 〈Revolution in der Revolution?〉, 79쪽 이하

깔고 있는 것이기도 했다.

요컨대 라틴아메리카의 다른 모든 나라들과 달리 도시적 요인이 결정적인 우루과이의 경우 혁명에 유리한 전제는 없다는 결론이었다. 1960년대 약 300만 인구 가운데 70퍼센트가 도시 지역에, 그 가운데서도 45퍼센트가 수도 몬테비데오에 거주하고 있는 형편이었다. 1960년대 쿠바 혁명가들에게 만만한 철학자 역할을 했던 젊은 프랑스인 레지 드브레이도 이와 일치하는 판단을 내렸다. 1966~1967년 그가 쓴 《혁명 속의 혁명?(Revolution in der Revolution?)》은 말하자면 게릴라 부대에 대한 게바라의 생각들을 보편타당성을 주장하는 거점이론의 형태로 가져간 결과였다. 라틴아메리카에서 우루과이는 "즉각적인 무장 투쟁의 조건들이 전혀 구비되지 않았지만 강력하고 전투적인 대중운동이 이루어지고 있는"(Debray, 1967, 133) 예외라는 것이 그의 결론이었다.

투파마로 정확히 이 시기에 몬테비데오를 무대로 활동을 펼친 일군의 도시게릴라가 사람들의 이목을 집중시켰다. 이들 국민 해방운동 MLN의 활약은 1972년 궤멸당할 때까지 라틴아메리카 대륙에서 가장 성공적인 혁명 운동의 사례였다. 이들은 스스로를 투파마로라고도 불렀는데 이

명칭은 18세기 말 농민반란을 이끌었다가 스페인 식민통치자들에 의해 공개 능지처참을 당한 페루 잉카족의 지도자 투팍 아마루(Tupac Amaru)의 이름을 딴 것이었다.

절정기에 약 1000명을 헤아렸던 이들 투파마로의 유별난 대중적 인기는 비단 우루과이에만 국한된 현상은 아니었는데 여기에는 여러 가지 이유들이 작용했던 것으로 보인다. 이들이 펼친 몇몇 기습공격은 이들에게 현대판 로빈 훗이라는 명성을 가져다주었다. 이들은 식품을 실은 트럭을 '몰수'해서 빈민촌에 가져다 놓거나 납치한 정치가의 석방금을 유치원에 전달하거나 고급 온천지 푼타 델 데스테의 카지노를 습격한 뒤 노획한 돈을 직원들의 근무 결손분으로 지급하기도 했다. 그러나 이들이 실행에 옮긴 살해나 납치, 폭탄테러 같은 테러행위들은 이러한 범주와는 궤를 달리 한다.

이들이 각별한 인기를 누렸던 두 번째 이유는 당과는 독립된 소그룹으로 조직되어 철저한 음모 형태로 움직이는 투파마로가 활동할 때 보여 주는 대단한 치밀성 때문이었을 것이다. 이들은 완벽한 기술면에서나 능란한 병참 활동 면에서나 무기를 투입하는 면에서나 지극히 치밀했다. 이러한 치밀함은 성공을 보장했을 뿐만 아니라 투파마로의 익명성을 계속 유지할 수 있도록 해주었다. 누가 투파마로이고 누가 아닌지 아무도 알지 못했다. 개개의 투파마로가 생포되거나 살해되는 일이 계속적으로 벌어졌지만 마치 끝없는 예비 대체 병력이 있는 것처럼 보였다. 그것은 초창기 MLN 창설자 일군이 체포된 뒤에도 그렇게 보일 정도였다. 보이지는 않지만 어디에나 있는 히드라, 이것은 투파마로에게 오랜 세월 무적불패의 후광을 부여한 상징이었다.

여기에 더해 혁명을 위한 폭력의 열정도 이들의 인기에 한몫했다고 할 수 있다. MLN 게릴라들은 다른 급진적 그룹에 대해 정당성의 측면에서 우위를 점하고 있었다. 즉 혁명의 시점이라고 느끼거나 선포한 상황에서는 기다리거나 논쟁을 벌이거나 또는 동맹 대상을 찾느라 많은 시간을 보내지 않고 즉각 행동에 돌입하는 이들의 경향 때문이었다. 전략이나 강령과 관련해서 투파마로가 발표한 문서들은 거의 없지만 그 가운데 하나인 〈투파마로에게 보내는 서른 가지 질문〉에는 이들의 기본 원칙도 표명되어 있다. "혁명적 행동 자체의 토대인 이념, 즉 무장을 갖추는 것, 다시 말해서 시민적 적법성의 바탕이 되는 원칙들에 반하는 행위에 대해 대비하고 이를 위해 장비를 갖추고 무장하는 것, 그것이 비로소 혁명의식, 혁명 조직, 혁명의 조건들을 만든다."(Labrousse, 1971, 46쪽) 외적 조건의 성숙에 대한 많은 견해차들을 포함하고 있음에도 불구하고 여기서 천명된 원칙은 게바라의 게

121쪽 이하 참조

릴라 거점에 대한 견해의 이념적 핵심에 닿아 있고, 특히 무장투쟁의 개시 시점에 관해서는 더욱 그러했다. "혁명의 모든 조건들이 주어질 때까지" 꼭 기다려야 하는 것은 아니며 "반란의 거점이 그러한 조건들을 창출할 수 있다"(AW 1, 25쪽)는 것이 게바라의 생각이었다. 이러한 측면에서 보면 한마디로 게바라와 투파마로 사이에 이견이 없는 셈이다. 투파마로는 〈서른 가지 질문〉에서 쿠바를 다만 게릴라 거점의 한 성공 사례로 언급하면서 그렇지만 쿠바의 사례를 그대로 따를 생각은 없노라고 천명하고 있다. "우리는 …… 대다수 미주 국가들과는 전혀 다른 현실에 맞도록 새로운 전략을 수립해야 한다."(Labroesse, 1971, 54쪽) 이에 대한 그들의 대답은 도시게릴라였다.

투파마로가 게바라와 명백하게 일치하는 근본적인 문제가 하나 더 있다. 비록 민족해방운동이라는 명칭 때문에 혼동을 초래하는 측면이 있기는 하지만 이들은 자신들을 도시게릴라 부대, 즉 "'무수히 많은 베트남'을 만들어 내정간섭론자들의 무리가 발붙이지 못하도록 하는 것이 목표인 전 대륙적 전략의 한 부분"(Labroesse, 1971, 56쪽)으로 이해했다. 이들은 자신들의 행동이 국가적 위기를 야기해서 미국을 제외한 이웃의 대국들, 즉 아르헨티나나 브라질의 개입을 유도할 것을 겨냥했다.

투파마로 다수가 체 게바라 개인을 게릴라전의 모범으로 삼았음을 말해 주는 자료로는 1985년 우루과이의 군사독재가 종언을 고한 후 과거 투파마로로 활동했던 한 인물이 증언한 내용이 다가 아니다. 이들은 잠깐 동안이지만 판도를 점령해서 세상의 이목을 가장 많이 집중시키는 활약상을 보여 주었는데 판도 진군을 체 게바라 서거 2주기 되는 날로 정하기도 했다.

> 우리의 코앞에 닥친 자유
> 외침의 소리가 라틴아메리카 전역을 울리네.
> 우리 민중은 굳게 믿네
> 체가 우리에게 가르쳐 준 길, 길은 이미 정해졌음을.
> Tumaparo Jorge Salerno의 가요 〈길은 정해졌네〉의
> 한 소절, Labrousse, 1971, 119쪽

투파마로가 거둔 일련의 성공은 대서양 건너에서까지 이목을 끌었다. 1969년 10월 한스 마그누스 엔첸스베르거(Hans Magnus Enzensberger)가 편찬한 잡지로 서독 좌파에 큰 영향력을 행사하고 있던 《쿠르스부흐(Kurs-buch)》에 투파마로 소식을 담은 부록 《쿠르스지》가 덧붙여졌다. 그것은 투파마로가 펼친 "가장 성공적인" 활약상과 도시게릴라의 새로운 전략을 다룬 것이었다. 그에 뒤이어 2년 사이에 투파마로에 관한 책들이 몇 권 출간되었다. 여기에는 카를로스 누네즈(Carlos Núñez), 알렉스 슈베르트(Alex Schubert), 알랭 라브루쎄(Alain

Labrousse)의 책들이 포함되었고 레지 드브레이도 이 대열에 이름을 올렸다. 자신의 이론을 비판하는 차원에서 드브레이는 '게바라주의적' 거점이론에 어느 정도의 도식적 경향이 있음을 시인하면서 〈투파마로에게서 우리가 배울 점〉이라는 제목의 짧은 글을 통해 "진짜 혁명 중의 혁명"이 우루과이에서 일어났으며 "그러나 전혀 예상치 못한 형태로, 즉 도시게릴라의 양상으로"(Debray, 1972, 144쪽 이하) 전개되었다는 논지를 펼쳤다.

대부분의 논객들이 아직 투파마로의 의미에 대해 논의를 펼치는 동안 이들의 실천적 사례들을 따르는 사람들도 벌써 몇 나오기 시작했다. 디터 쿤첼만(Dieter Kunzelmann)을 중심으로 하는 서베를린 투파마로(TW)가 1969년 말 결성되었다. 이들은 1969년 11월 9일 팔레스타인 민중과 연대해서 서베를린 유대인 마을회관에 소이탄을 투하하는 최초의 행동으로 국제주의에 대한 그들의 독단적인 이해를 만방에 알렸다. 그러나 부록 《쿠르스지》에서 우루과이 투파마로의 가장 혁혁한 위업으로 미화했던 측면인 "이 운동이 펼친 작전 중에 대중의 즉각적인 이해를 받지 못한 작전은 단 하나도 없다"는 점은 이 서독의 아류들에게는 맞지 않았다. 그럼에도 불구하고 이들은 프리츠 토이펠(Fritz Teufel)을 주축으로 하는 또 하나의 지부 뮌헨 투파마로(TM)를 만들었다. 그

서독의 투파마로

리고 1971년 4월 안드레아스 바더(Andreas Baader), 구드룬 엔슬린(Gudrun Ensslin), 호르스트 말러(Horst Mahler)를 주축으로 하는 적군파(RAF)가 자신들의 제1 정치 선언을 발표했다. 그것은 바로 '도시게릴라 구상'이었다. 그러나 이 구상은 누가 봐도 투파마로보다는 마오 쩌둥과 더 관련이 깊다.

체 게바라를 자신들이 모범으로 삼는 인물에 포함시키는 또 다른 게릴라 운동 단체로 멕시코에서 활약하는 사파티스타 민족해방군(Ejército Zapatista de Liberación Nacional-EZLN)이 있다. 이들이 대중적 인기를 누리고 계속 살아남을 수 있었던 것은 다름 아니라 '게바라주의적' 거점이론의 중심 요소들 거의 전부와 결별한 사정에도 힘입고 있음은 대단한 역설이 아닐 수 없다.

사파티스타 봉기 1994년 1월 1일 수백에 이르는 복면 무장 사파티스타 게릴라들이 멕시코 남동부 끝에 위치한 지방 치아파스의 주도들 몇 군데를 점령했다. 그 이튿날 공개한 선언문을 통해 이들은 특히 인디언 주민들에 대한 지속적인 억압과 이들의 빈곤화를 더 이상 좌시하지 않겠다고 천명했다. 수도로 진군해서 정부군을 깨부수고 대통령 카를로스 살리나스를 하야시키자는 이들의 구호에 정부는 즉각적이고도 가차 없는 답을 보냈다. 즉 수천의 정부군을 급파하고 폭격을 퍼붓고 생포된 사파티스타 반군이나 이들의 동조자로 추정되는 사람들을 제멋대로 처형했던 것이다. 그로부터 불과 며칠도 안 된 시점에 EZLN의 전사들은 접근조차 어려운 라칸도나 우림지대의 산속으로 퇴각할 수밖에 없었다.

이렇게 상황이 끝났다면 사파티스타 봉기는 라틴아메리카의 수많은 유혈 사건 가운데 하나 정도로 기록되는 데 그쳤을 것이다. 그러나 EZLN의 군사적 패배는 돌연 정치적 승리로 반전되었다. 1월 12일 정부군의 무자비한 행동을 본 수도의 10만 군중이 치아파스 내전에 반대하는 데모를 벌였다. 수많은 데모 인파는 무장투쟁의 방법에 대해서는 거부의사를 나타냈지만 반란군의 관심사는 정당한 것으로 받아들였다. 이러한 대중들의 저항에 직면한 대통령 살리나스는 그날 당장 일방적으로 휴전을 선포하고는 항복하고 무기를 인도하는 반란군은 전부 사면하겠다는 제안을 내놓았다. 사파티스타 게릴라측은 결국 이 제안을 거부했지만 근본적인 전략 수정에 착수했다. 이렇게 수정된 전략은 오늘날까지도 통용되고 있다. 이들은 국가권력의 장악, 자기들의 정치적 목표를 관철하기 위한 수단인 무장투쟁 그리고 전위를 자임하는 어떠한 형태의 주장도 모두 포기하기에 이르렀다. 그들은 1994년 1월 12일 데모를 통해 표명한 대로 모든 멕시코인들이 누릴 수 있는 민주주의와 자유, 정의의 가치들에 대해 토론하고 이를 단계적으로 실현하는 것이 '문민사회'가 수행해야 할 과제라고 천명했다.

> 30년 전 체는 새롭고 더 나은 변화된 현실을 꿈꾸었다. 반란의 꿈을. …… 오늘날 우리를 결집하는 꿈은 체 게바라의 꿈과 단절하는 동시에 그것을 계승하는 것 …… 아메리카 대륙의 형제자매들이여, 전 세계를 장악하는 거대 권력도 이러한 꿈들을 깰 수 있는 무기를 아직 찾아내지 못했다. 이 거대 권력이 이러한 무기를 찾아내지 않는 한 우리는 꿈꾸기를 계속할 것이다. 그리고 우리의 승리의 행진은 계속되리라 …….
> 1996년 4월 부사령관 Marcos, Mittelstädt/Schulenburg, 1997, 134쪽 이하

그러는 한편 사파티스타들은 게릴라로서의 자기 신분을 계속 고수했다. 즉 이들은 비밀조직과 무장, 복면 등의 수칙을 유지했는데 이는 정부의 추적을 피하기 위한 책략이기도 하고 또 치아파스를 장악하고 있는 기왕의 위세를 이용해서 토착 주민들이 자신들의 욕구와 이해를 표출하고 멕시코 사회의 다른 부문들 및 외국의 지원세력과의 대화를 유지할 수 있도록 사회적 통로를 마련하고 이를 확보하기 위한 방책이기도 했다. 예컨대 사파티스타들이 조직한 민족민주주의대회(CND)는 이러한 사회적 통로를 확보하려는 노력의 사례였다. 1994년 8월 6000명을 넘는 사람들이 3일간에 걸쳐 멕시코 민주주

의의 미래에 대해 토론을 벌이기 위해 라칸도나 정글에 모였다.

사파티스타들은 정의와 자유, 민주주의의 개념들을 거론하고 문민사회와 대화의 역할, 품위에 대한 권리 등을 강조하고 타인 존중의 필요성과 문화적 차이를 인정할 것을 역설했다. 이 모든 요소들 덕택에 사파티스타는 포스트모던이라든가 '담론 게릴라(Anne Huffschmied)'라는 별칭을 얻게 된다. 유럽의 논쟁 맥락에서는 이러한 수사들이 단순한 담론 전략으로 오인될 수 있다는 점에서 이러한 명칭들 자체가 문제를 안고 있지만 또 그런 만큼 EZLN이 이제 '게바라주의' 계보의 게릴라 부대와는 더 이상 아무런 관련도 없다는 사실도 분명해졌다. 사파티스타들은 시몬 볼리바르(Simón Bolívar)와 멕시코의 혁명가이자 이들의 운동에 이름을 부여해 준 에밀리아노 사파타(Emiliano Zapata)와 더불어 체 게바라도 끌어들이고 있고 또 매년 체 게바라가 죽은 날 조촐한 예식을 거행하고 있다. 그러나 그러한 사실 말고도 사파티스타 운동이 체 게바라의 유산으로 보이게 하는 두 가지 측면이 더 있다.

그 하나는 이들의 대변자이자 전술적 지도자인 부사령관 마르코스의 카리스마적인 모습이다. 다른 모든 사파티스타 게릴라들과 마찬가지로 마르코스 역시 대중 앞

부사령관 마르코스

사파티스타의
부사령관 마르코스

에 나설 때는 반드시 얼굴을 가리고 등장했다. 양모 스키용 모자인 '파사몬타냐(pasamontaña)' 뒤에 가려진 인물이 누구인지 오랜 세월 수수께끼로 남아 있었다. 단지 인디오가 아니라 수도에서 온 메스티소라는 것, 그리고 뜻을 같이 하는 동지들과 혁명 게릴라 부대를 조직하려는 목적에서 1984년 라칸도나 정글에 온 적이 있는 지식인이라는 점 정도만을 그가 내비치는 근소한 암시를 통해 추정할 수 있을 뿐이었다. 그 자신은 반군의 지도자를 자임하지는 않는다. 그는 자신을 문자 그대로 대변인, 이 운동의 대변자, 스페인 영역과 인디오 영역 사이의 통역관이자 중개자로 이해하고 있다. 그럼에도 불구하고 애초부터 그는 단순한 통로 이상의 인물이었다. 거침없는 응변력과 지적 예리함을 시적 이미지나 유머, 반어 등과 결합시키는 그의 언어 구사력 그리고 선전 효과를 내다볼 줄 아는 탁월한 감각, 정치적 목표를 일상적인 구호로 압축하는 재주, 예컨대 "야 바스타!(됐어!)"라든가 "만인에게 모든 것을 우리에겐 아무것도" 등등의 구호는 그를 단박에 사파티스타 운동의 화신으로 부상시켰다. 실상 사파티스타 운동의 대중적 인기는 마르코스 개인에 적지 않은 부분을 빚지고 있다.

부르주아적 동질성은 없고 대신 허리에 탄띠를 두른 전투복 차림의 이 '시적 모반자'는 사파티스타의 반란이 시작된 지 채 몇 주도 안 된 시점에 벌써 멕시코 사회의 우상으로 떠올랐다. 그의 '얼굴'은 비행기, 티셔츠, 모자, 콘돔에까지 인쇄되었다. 마르코스가 체 게바라에 비견되는 점은 비단 상품화를 통한 이윤에만 있는 것은 아니었다. "복면의 신화"(Huffschmied, 1995)는 천차만별의 상상들, 종교적·정치적·낭만적, 심지어 성적 상상 등을 투사하는, 말하자면 영사막 역할을 했다. "마르코스를 이 시대에 맞게 환생한 '체 게바라'로 보지 않기는 사실 굉장히 어렵다. 물론 마르코스는 게바라에 비하면 좀 덜 유토피아적인 생각을 가지고 있고 또 덜 폭력적이기는 하지만 게바라와 똑같이 이상주의적이며 자기 신념을 위해 싸울 태세가 되어 있다는 점에서는 게바라와 일맥상통한다."(Anderson, 2002, 679쪽) 해가 거듭할수록 '마르코스 열풍'은 뒤로 물러났고 살리나스 대통령이 1995년 2월 초에 이 복면 뒤에 숨은 인물은 왕년에 대학에서 사회학과 언론학을 공부했던 라파엘 길렌 빈센테(Rafael Guillén Vincente) 이외에 아무도 아니라고 주장했음(이에 대해 마르코스는 그렇지 않다고 반박했다)에도 불구하고 오늘날까지 부사령관은 자신의 비밀스런 면모들을 그대로 유지하고 있다.

이러한 같은 맥락의 '개인숭배' 외에도 사파티스타를 체 게바라의 정통 후예로 보지 않을 수 없게 하는 측면이 한 가지 더 있다. 즉 게바라에게는 중심무대였던 정치의 한 영역에 다시 활력을 불어넣는 데 이들이 주력한다는 점이다. 그것은 바로 국제주의이다. 사파티스타가 봉기를 시작한 시점은 이 운동의 주역들이 심사숙고해서 정한 것이었다. 즉 멕시코와 미국, 캐나다 간의 다자간 자유무역협정(NAFTA)이 발효되는 그날, 1994년 1월 1일이었다. 이 협정이 멕시코 정부 측에는 그들의 '전진적' 경제정책의 승리를 의미하고 자기들이 통치하는 나라가 제1세계로 진입한다는 상징이었던 반면에 치아파스의 사파티스타는 바로 이 정책으로 인해 패배자가 된 사람들, 멕시코 사회에서 밀려난 사람들에게 잊힌 부문, 즉 인디오들을 대변했다. 인디오들이 사회로부터 배제된 것을 사파티스타는 정부가 취한 '신자유주의' 근대화 정책의 대가라고 생각했다. 출발점의 의식이야 어떤 것이었든 EZLN은 이러한 전후관계를 노골적으로 명시함으로써 그들의 저항운동은 불과 몇 년 뒤 반세계화 운동이라고 명명된 흐름에 결정적인 기폭제가 됐다.

사파티스타 이념들의 국제적 수용은 도취적인 양상을

'국제주의'
126쪽 이하 참조

반세계화 운동

> "인디오가 비유적 차원에서 세계화를 추진하는 주체"가 겨냥하는 세계화의 대상으로 세상에 널리 알려진다면 21세기 제1의 정치적 준거는 사파티스타주의가 될 것이다.
>
> Manuel Vázquez Montalbán,
> Marcos, Herr der Spiegel, 186쪽 이하

띠기도 했는데 이는 "저항문화(Manuel Vázquez Montalbán)"에 새로운 형식, 공산주의를 넘어선 형식을 부여할 수 있으리라는 희망, 다시 말해서 전반적으로 무력의 사용을 포기하면서도 혁명의 열정을 살려 낼 수 있으리라는 희망의 표현이기도 할 것이다. 하필이면 왜 게바라주의의 모든 전제들과 완전히 결별한 게릴라 운동이 유럽에서 체 게바라에 대한 관심의 부활을 가져왔는지를 최소한 부분적으로나마 해명할 수 있는 대목이 될 것 같다.

CHE GUEVARA

정치적 급진화의 원동력

게바라의 이념들이 주목을 받은 곳이 비단 라틴아메리카 대륙에 그치지 않고 서유럽까지 확대된 데 결정적인 영향을 미친 사건 두 가지가 있다. 게바라가 1957~1958년 피델 카스트로의 측근으로 있으면서 쿠바의 독재자 풀겐시오 바티스타를 쫓아냈다는 것과 1967년 10월 9일 볼리비아의 마을 라 히게라에서 총살당했다는 것이다.

> 아르헨티나 학생들은 파리 시테 위니버르시테르에서 자기들이 사용하고 있는 기숙사를 점거한 뒤 여기에 체 게바라라는 이름을 붙였다. 그것은 목마른 자를 우물로, 그리고 남자를 여자에게로 가게 하는 것과 같은 이치였다.
> Julio Cortázar 1969, Castañeda 1998, 488쪽

요르게 카스타네다는 체 게바라의 죽음이 게바라 자신의 삶에 일정한 의미를 던져 주었다고 주장한다. 게바라 자신도 죽기 전 몇 달간 이러한 점을 유념하고 있었음을 말해 주는 정황들이 몇 가지 있다. 대서양 건너 서유럽 대도시의 반항하는 젊은이들에게도 게바라의 죽음이 의미(그 의미가 어떤 것이든 간에)를 부여했다는 점은 의문의 여지가 없었다. 그 단계를 넘어서서 저 먼 볼리비아 땅에서 일어난 이 사건은 그때까지 단지 미온적으로만 알려진 한 사람의 일대기

를 그야말로 의미로 충만한 삶의 전범으로 승격시켰다. 체 게바라가 죽었다는 소식이 입수된 것은 때마침 그가 선포한 이념 그리고 그의 투쟁의 목적이 되었던 이념들이 공산주의를 신봉하지 않는 좌파 진영의 논쟁을 주도하던 때였다. 이러한 상황의 교차를 생각하지 않고는 체 게바라가 그토록 단기간에 일약 학생봉기의 상징적 인물로 부상할 수 있었던 이유를 설명할 수 없다. 서독에서 벌어진 장외 저항운동(APO)의 예를 보면 체 게바라가 제시한 전망들이 학생 저항운동의 주파수와 얼마나 잘 맞았는지, 그리고 이러한 학생운동에 날개를 달아주어 이를 급진의 길로 나아가게 하는 데 얼마나 큰 기여를 했는지를 알 수 있다.

서독의 학생운동

탈식민화, 국제주의, 반제국주의라는 표제어로 바꿔 표현할 수 있는 한 가지 주제 영역이 학생운동에서 주도적인 역할을 했다. 쿠바 혁명과 알제리 독립전쟁, 점점 광포하게 격화되던 베트남 전쟁 등은 1960년대에 옛날의 정치적인 꿈을 부활시키는 계기가 되었다. 물론 그 양상은 달랐다. 즉 세계 혁명의 이념을 부활시켰지만 그것은 이제 파리나 모스크바를 기점으로 하는 것이 아니라 라틴아메리카와 아프리카, 아시아(줄여서 3대륙으로 명명되었다)의 해방운동들을 기점으로 하는 것이었다. 혁명에 대한 이러한 표상은 1966년 독일어판으로도 출간된 프란

츠 파농(Franz Fanon)의 《대지의 저주받은 자들(Die Verdammten dieser Erde)》을 이론적 토대로, 또 1966년 3대륙 회의가 열렸고 1967년 라틴아메리카 연대기구(OLAS)가 구성되었던 아바나의 정부를 정치적 지렛대로 해서 APO 내에서도 추종세력을 점차 확대해 갔다. 이들에게 "제2, 제3의 수많은 베트남을 만들자!"라는 투쟁의 구호를 마련해 준 사람이 체 게바라 말고 또 누가 있었겠는가. 이 구호는 바로 1967년 4월 게바라가 볼리비아 정글에서 아바나에서 열리는 OLAS에 보낸 격려사의 일부였다. 이 격려문이 일반에 공개되자마자 독일사회주의학생연맹(SDS)의 주도적 인물인 루디 두취케(Rudi Dutschke)는 칠레 출신 친구인 가스통 살바토르(Gaston Salvator)와 함께 이 문서의 번역에 착수했다. 〈세계 민중에 고함〉이라는 제목으로 발표된 이 문건은 체 게바라를 단번에 독일의 유명인사로 만들었다(그때까지 체 게바라의 글들 가운데 독일어로 나온 것은 두 편의 중요한 문건이 전부였다. 당시 이 문건들은 각각 《파르티잔 전투-한 가지 방법》, 《인간과 사회주의. 쿠바의 경우》라는 제목으로 출간되었다).

이와 거의 동시에 볼리비아 게릴라전의 와중에서 게바라가 전사했다는 소식이 당도했고 이러한 시점의 일치는 실천적 연대를 부르짖은 게바라의 요청에 어마어마한 도덕적 권위를 안겨주었다. 억압받는 민중의 편에 서서 그들의 해방을 위해 싸우려고 처음에는 현 장관직을, 그리고 끝내는 자신의 목숨까지 바친 장본인이 아니던 가. 최소한 당시 서독의 좌파를 주도하던 SDS 내의 인식은 그랬다. 그에 부응하는 반응들이 터져 나왔다. 작가 페터 바이스(Peter Weiss)는 "체 게바라!"라는 제목의 추모연설을 통해 이 제목 뒤에 붙은 느낌표가 망자를 부르는 신호가 아니라 망자의 모범을 따르라는 요청임을 분명히 했다. 게바라는 자발적인 자기희생으로 "총을 들고 싸우는 것이 단 하나의 올바른 길임"을 보여 주었다는 것이다. 그러나 독일 학생들이 지금부터 무기를 들어야 하는지, 만약 들어야 한다면 어느 시점이 되어야 할지에 대해서 바이스는 갈팡질팡하는 모습을 보였다. 그러나 바이스에게 분명한 점은 있었다. "미국의 베트남 침략전쟁에 반대하는 우리의 행동은 …… 이제 평화적 저항이 지니는 한계에 봉착했다. …… 우리는 다른 방도를 취해야만 한다."(Weiss, 1968, 94쪽 이하) 나치 치하 유대인에 대해 범죄행위가 저질러지고 있을 때 이를 외면했다고 아버지 세대를 비난하는 저항세대에게 이렇게 규정된 도덕적 의무는 일정한 무게를 지닐 수밖에 없었다.

좀 더 급진적인 저항의 수단을 취하자고 부르짖은 페터 바이스는 결코 혼자가 아니었다. 피델 카스트로가 체 게바라의 죽음을 공식 시인한 날 좌파는 이 사실을 받아들

도덕적 권위로서의 체 게바라

이지 못했다. 카스트로의 시인이 있기 바로 전날 서베를린의 SDS는 "체가 정말 반혁명 세력에 대한 전투의 와중에 죽었다면 그것은 곧 미제국주의와 서독 내 그 동맹국 세력에 대한 우리의 직접적 행동을 강화하라는 요청이기도 하다"(Dutschke, 1998, 149 재인용)는 격문이 담긴 전단을 배포했다. 그러나 강화가 정확히 무엇을 의미하는지에 대해서는 의도적으로 규정하지 않았다. 그러나 게바라의 운명은 정치적 급진화를 몰고 오고도 남을 계기가 될 수 있을 것 같았다. 〈세계 민중에 고함〉을 통해 적 제국주의에 대한 화해할 수 없는 증오를 설교했던 장본인은 궁극적으로 게바라였다. 이 문건을 펴낸 루디 두취케는 그 서문에서 그것을 읽을 독자들에게 이렇게 경고했다. "어떤 형태의 증오에나 호전적 휴머니즘을 자체 동력으로 굴러가는 테러로 돌변시킬 위험성이 내재되어 있다."(Dutschke, 1998, 148 재인용) 이러한 변설은 필요할 때 폭력을 사용하는 것에 대해 혁명적인 행동으로 정당화하거나, 아니면 테러리즘으로 낙인찍는 길을 마련해주었다.

130쪽 이하 참조

전투적 휴머니즘 전투적 휴머니즘. 이것은 APO가 체 게바라의 이념과 삶을 해석할 때 동원하는 널리 유포된 공식이었다. 이러한 경향은 처음에는 학술적인 분위기로 출발했던 또 다른 장에서도 나타났다. 서독의 학생운동에 핵심개념을 제공한 중요 인물의 하나인 헤르베르트 마르쿠제(Herbert Marcuse)를 통해 젊은 시절 마르크스의 저작과 그 안에 정초된 자연주의적 휴머니즘의 수용이 집약적으로 이루어졌다. 마르크스 초기 저작의 중심 범주이며 그 이후로 마르크스주의적 해방이론의 목표가 되어 온 소외의 지양은 체 게바라를 끌어들이면서 군사적 수단을 동원해야 달성할 수 있는 항목이 되었다. 사적 소유와 자본주의적 생산관계의 부정은 개인주의의 절멸을 통해서 완성될 수 있는 것이었다. 보쿰 대학의 젊은 강사이면서 게바라의 연설과 문건 모음집 편집자였던 스벤 파프케(Sven Papcke)는 새로운 인간학을 들고 나왔다. 그에 따르면 소외되지 않은 새로운 인간에 대한 게바라의 꿈은 "전진적 폭력"의 도움 없이는 실현될 수 없는 것이었다. "'인간에게 진정으로 살아남을 수 있는 기회를 주려면 그를 죽여야 한다.'(게바라) 파괴 곧 새로운 시작, 증오 곧 부정의 에너지, 이것은 '평화로운 민중 살해'를 강제적으로 끝내기 위한 것이다." 그리고 곧이어 그는 이를 위한 공식을 제시했다. "새로운 평화 곧 방화"였다.(Papcke, 1969, 153, 160쪽) 새로운 인간을 실현하는 공식으로 덜 변증법적이지만 효력은 더 큰 모델이 하나 더 있었다. 그것은 "혁명을 벗

> 게바라는 혁명을 관념적인 차원에서 행동의 차원으로 옮겨 놓는다.
>
> Sven Papcke, 〈적극적 소외〉, 137쪽

어나서는 삶은 존재하지 않는다"는 게바라의 원칙에 기댄 것이었다. 그것은 정치적 활동에 시간과 에너지를 줄기차게 쏟아 부을 것을 요구하는 것으로 그치지 않고 시민사회를 구성하는 기본 요소인 사적 차원과 정치의 구별을 새로운 삶의 형식들을 통해 지양할 것을 요구했다.

새로운 삶의 형식들 그래서 코뮌들이 속속 생겨나고 두 사람 사이의 지속적 관계가 금기시되는 한편, 라이무트 라이히(Reimut Reich)의 《성과 계급투쟁(Sexualität und Klassenkampf)》과 헤르베르트 마르쿠제의 《욕망의 구조와 사회(Triebstruktur und Gesellschaft)》가 베스트셀러에 올랐다. 이러한 현상은 게바라의 영웅적 금욕의 자세와는 아무런 관련이 없었지만 여기서 내건 "사적인 것은 모두 정치적인 것"이라는 기치는 적어도 게바라에서 출발하는 아우라도 등에 업을 수 있었다. 즉 이러한 아우라로 인해 정치적인 영역(혹은 정치화된 영역)을 우선시 하는 사회 흐름 속에서도 일상생활에 일정한 비중을 부여할 수 있었다. 오늘날에도 68세대 많은 노장들이 당시를 풍미했던 다른 정치적 이념들에 대해서는 더 이상 지지하지 않으면서 유독 이러한 일상생활의 중요성에 대해서만큼은 여전히 열정을 표하고 있다.

낭만적 미화 체 게바라는 낭만적 상상력에 날개를 달아 주었는데 그것은 비단 저항운동을 일으켰던 한 세대에게만 국한된 것은 아니었다. 베레모를 쓰고 강렬하면서도 동경에 가득 찬 시선을 보여 주는 알베르토 코르다의 유명한 사진의 형태에서 우리가 보아 온 게바라의 외모도 그를 미화하는 데 적지 아니 기여했음이 분명하다. 그러한 그의 모습은 흔히 알고 있는 것과는 완전히 다른 방식의 사회주의 또는 공산주의의 상징물이기도 했다. 즉 크렘린의 무뚝뚝한 늙은 인사들이나 눈에 잘 띠지 않는 회색 양복을 늘 똑같이 입고 나타나는 동베를린 정치국원에 비하면 게바라는 언제나 전투복 차림을 하고 나타나는 젊고 팔팔한 호전성을 대변했다.

이러한 차이는 사용하는 언어에도 그대로 반영되었다. 체 게바라를 이해하는 데 행간을 읽는 기술은 필요치 않았다. 그에게서 판에 박은 관료적 어법은 눈을 씻고 봐도 없었다. 그의 표현방식은 단순명쾌하고 비외교적이고 가차 없었다. 그의 말들 상당수가 코르다의 사진만큼이나 포스터에 어울리는 것이었고 그래서 실제로 수정 없이 내걸리기도 했다. 1968년 베를린 공과대학에서 저 전설적인 베트남 시민 공회가 열리는 동안 연단 뒤쪽에 "혁명을 일으키는 것이 혁명의 의무이다"라는 체 게바라의 구호가 적힌 거대한 현수막이 내걸려 시선을 집중시켰다. 또한 폭력적이고 무자비하기도 한 그의 언어에는 그야말로 몽상적인 어법들, 예를 들어 "현실적이 되자, 불가능에 도전하자"라거나 "연대는 민중의 감수성" 등으로 점철되었다. 이러한 몽상적 어법은 혁명의 열정을 포착하는 그물이었고 이러한 어법을 통해 혁명적 폭력을 낭만적으로 미화하는 것이 가능했다. 스스로를 권위에 대한 저항으로 이해하는 저항운동이 하필이면 연설과 글을 통해 투쟁과 폭력, 기율과 금욕을 줄기차게 찬양하는 인물을 우상으로 삼게 된 곤혹스러운 사정을 최소한 개략적으로라도 해명하는 데는 이러한 이해가 필요하다.

의미 충만한 삶 게바라가 학생운동의 우상으로 부상하는 데 기여한 계기가 한 가지 더 있었다. 세계를 혁명을 통해 변혁하기 위해 출정했던 이 인물은 어떤 면에서 보면 이들 학생과 같은 부류였다. 즉 상류층 출신의 백인 청년이었다. 그는 10년도 채 안 되는 기간에 방랑하는 모험가에서 일약 혁명가를 대표하는 인물이 되었고 일군의 전우들과 함께 독재정권을 무너뜨렸으며 독학으로 경제를 배워 한 나라의 경제를 지휘했고 또 선동가의 면모로 유엔에 참석했던 인물이었다. 그것은 바로 스스로 운명의 주인이 되면 못할 것이 없다는 사실을 몸소 보여 주는 인생역정이었다. 게다가 정글에서 맞이한 죽음은 의미 충만한 삶을 배경으로 부르짖는 출정의 신호가 아닐 수 없었다.

체 게바라는 학생봉기를 일으킨 계기는 아니었지만 어

느 시점부터는 학생봉기에 결정적인 영감을 주고 그것을 급진으로 몰고 가는 역할을 했다. 이론적 논쟁에서도, 또 전투적 저항의 실천에서도 그의 역할은 마찬가지였다. 그러나 그의 두드러진 역할은 저항하는 젊은이들의 상상력에 날개를 달아 주었다는 것이었다. 즉 이들에게 그의 삶은 그 자체가 "구체적 유토피아"(에른스트 블로흐), "국경선 없는 조국"(테오도르 아도르노) 같은 상아탑 내의 공식들을 눈에 보이게 구현한 것이었다. 학생운동의 계파들은 거의 모두 체 게바라에 끈을 대고 있었다. 즉 SDS의 이론 담당 분과, "반란 기동타격대", 그 이후에 결성된 적군파(RAF) 소속 테러리스트들을 모이게 하는 지점이 되었다.

서독에서 1968년의 시대정신을 체현한 인물로 체 게바라는 독보적인 존재였다. 그에 대한 평가로는 물론 "붉은 방화광"이라거나 또는 그가 죽었다는 것으로 안도의 한숨을 쉬는 등의 다른 목소리도 있었다. 그러나 중요한

> 우리의 독자적인 실천에서 엿보이는 급진적 경향은 게바라가 우리에게 남긴 말들 덕분에 필연적이고 앞뒤가 맞는 논리적인 것으로 보일 수 있었다. …… 우리는 체의 글들과 논쟁을 벌이는 이론적 논의를 하지 않았다. 그럴 것이 논쟁할 거리가 남아 있지 않았던 것이다. 즉 상황은 명백했다.
>
> Inge Viett, "6월 2일 운동"과 RAF 1997의 성원,
> 《체 게바라 국제학술회의》, 1998, 36쪽

SDS의 의미

것은 이러한 견해들이 좌파의 게바라 수용에는 어떠한 영향도 미치지 않았다는 사실이다. 좌파 사이의 게바라 수용을 주도한 것은 단연 SDS였고 이는 게바라의 이념들을 확산시킨다는 점에서 보면 '행운'이 아닐 수 없었다. SDS는 반미 성향이 강하고 사회주의와 마르크스주의의 용어들을 줄기차게 입에 올리기는 했지만 당이 주도하는 공산주의 체제, 특히 소련식 공산주의 체제에 대해서는 일정한 거리를 유지하고 있었다. SDS에게나 게바라에게나 어디까지나 사회주의 국가들은 연대의 의무가 있으며 이로 인해 제3세계 해방운동에 복무해야 하는 입장이었다. 결론적으로 말해서 서독에서 체 게바라가 학생운동의 상징적 인물이 될 수 있었던 단 하나의 까닭은 소련에 경도되고 공산주의 색깔이 강한 단체가 서독에는 없었다는 데 있었다. 만약 그러한 단체였다면 자기들이 영웅으로 삼은 존재의 위상은 동독의 경우처럼 한정적일 수밖에 없었을 것이다.

체 게바라를 대중화하는 흐름에 SDS가 얼마나 두드러진 역할을 했는지는 1969년 학생연맹 해체 이후의 동향을 보면 알 수 있다. 해체 이후 학생동맹 구성원의 일부는 줄줄이 제도권 안으로 들어가 빌리 브란트(Willy Brandt)가 이끄는 사회당과 자유당의 연정에서 안착할 자리를 찾았고 다른 일부는 새로 창당된 DKP나 여기저기 산재

한 공산주의 계열의 소수정당의 조직으로 흡수되었다. 상황이 이렇게 되자 게바라의 이미지는 여전히 존속했겠지만 그를 둘러싼 논의는 마치 썰물이 빠져 나가듯 확연하게 후퇴했던 것이다. 심지어는 학생운동의 급진적 제스처를 혁명적 실천으로 바꿀 것을 자청하면서 과거 SDS가 내걸었던 요구, 즉 "농촌에서의 게릴라 활동을 도시로 옮기자"는 요구를 진지하게 하고 나선 사람들의 경우에도 체 게바라의 역할은 겨우 내포적인 선에 그쳤다. 이러한 요구가 제기되는 이 시점부터는 예컨대 RAF의 경우 체 게바라보다는 투파마로의 도시게릴라 조직이 실천적 모범으로, 또 마오 쩌둥의 글들이 이론적 무기로 떠오르는 양상을 보였다.

1970년대 중반 그 시점까지는 체 게바라를 신성불가침으로 여겼던 비교조주의적 좌익 진영에서 처음으로 근본적인 비판의 목소리가 나왔다. 일례로 귄터 마쉬케(Günter Maschke)는 그의 책 《게릴라에 대한 비판》에서 '게바라주의'에 대해 그 이론이나 실천이나 "해방투쟁이론들이 타락한 단계"(Maschke, 1973, 14쪽)라고 비난했다. 레지 드브레이도 1975년 독일어로 번역되어 나온 《무기에 대한 비판》을 기점으로 거점이론의 창시자이자 동행자였던 체 게바라 자신도 볼리비아 시절 제3세계의 무장투쟁을 제1세계로 수출할 수 있다는 생각과 결별했

비판의 목소리

다고 판단했다. 1977년 가을 이후 게바라의 급진주의는 종국적으로 한물간 조류가 되었고 그 요체는 10년 전 게바라에 기대어 세계혁명을 직조하고자 했던 이들의 뇌리에 살아남았을 뿐이다. 그리고서 1990년대 중반까지의 상황은 그러한 기조를 유지한다.

그 사이에도 게바라에 관련된 책들이, 몇 권 안 되지만, 어쨌든 독일의 좌파적 군소 출판사들에서 출간되었는데 체 게바라에 대한 관심이 사라진 상황에서 보면 특기할 만한 현상으로 보인다. 이 시기 출간된 책으로는 게바라의 아버지가 쓴 전기 《나의 아들 체 게바라(Mein Sohn Che Guevara)》, 체 게바라에 대한 포괄적인 이론적 평가서로는 지금까지 유일한 로베르토 마자리의 《체 게바라, 정치와 유토피아(Che Guevara. Politik und Utopia)》 등이 포함되어 있다. 호르스트-에카르트 그로스는 1990년 팔-루겐슈타인(Pahl-Rugenstein) 출판사에서 《게바라 선집》을 내는 것을 출발로 여기저기 산발적으로 출간되거나 오랜 세월 절판된 체 게바라의 글들을 다시 출판하는 수고를 아끼지 않았다.

게바라 르네상스   그러던 것이 1990년대 중반 독일에서 뜻밖에도 게바라 르네상스가 일어났다. 이러한 현상을 낳은 주된 계기는 아마도 멕시코의 사파티스타 봉기였을 것으로 보이며 많은 사람들이 그 지도자인 부사령관 마르코스를 체 게바라의 후계자로 생각하고 싶어 했다. 1997년 존 리 앤더슨, 요르게 카스타네다, 파코 이그나시오 타이보 2세가 각각 펴낸 세 권의 방대한 전기가 거의 동시에 출간되었다. 이 전기들은 출간 이후 몇 쇄를 거듭하며 심지어 사파티스타의 활동이 다시 잠잠해진 뒤에도 게바라, 최소한 그 개인에 대한 관심이 여전히 지속되고 있음을 여실히 보여 주었다. 아마도 1990년대 말 세계화에 대한 비판운동이 싹튼 것이 그에 대한 관심이 이어지게 된 한 가지 이유일 것이다. 세계화를 비판하는 움직임은 다름 아니라 국제주의의 새로운 형태이며 반세계화 항의 시위는 부분적으로 전투적인 양상을 띠기도 했다. 이를 기화로 체 게바라의 초상이 다시 공공의 차원에서 정치적 맥락 안에 등장하고 있지만 현재까지는 그의 이념들을 실천에 옮긴다는 생각에 다다른 사람은 아직 하나도 없다는 데 1960년대 상황과의 차이가 있다.

189쪽 이하 참조

CHE GUEVARA

영사막 역할을 하는 체

'신화 체' 곧 체 게바라 서거 40년이 된다. 그 시간 동안 그의 삶과 죽음, 그의 연설과 글들은 전 세계 각지의 무수히 많은 사람들의 정치적 생각과 행동에 영향을 미쳐 왔다. 쿠바를 제외하면 오늘날 그의 이름과 이념을 정치의 축으로 삼는 사람이나 정당은 아직 찾아보기 힘들다. 정치적 요소가 작용하는 장에서 체 게바라는 다른 시대에 속하는 인물, 시대에 뒤진 인물, 그 시대와 더불어 과거가 되어 버린 인물로 여겨진다. 그런데도 불구하고 수백만을 넘게 유포되는 그의 초상과 그를 다룬 책의 높은 판매부수는 오늘날에도 그 개인에 대한 엄청난 관심이 아직 엄존함을 말해주고 있다.

왜 그런가 하는 질문을 한번쯤 던져 봐야 한다는 것은 곧 그러한 의문에 대해 '신화로서의 체'를 지적하는 것으로 답을 하려 한다는 것과 동일한 의미이다. 왜냐하면 그의 신화는 바로 특별한 영사막, 즉 이러한 질문의 사실상의 핵심 제재였던 저 관심과 동경, 바람과 희망을 비추는 영사막이기 때문이다. 바로 이 지점에 착안한다면 '신화적 인물 체'와 관련해서 오늘날 우리가 지니고 있는 고정관념들이 아마도 이 인물이 왜 예나 지금이나 많은 사람들에게 그토록 엄청난 매력을 행사하고 있는 지에 대한 해명의 단서를 제공해 줄 수 있을 것이다. 우리의 머리 속에 형성되어 있는 그러한 고정된 심상들 네 가지를 가지고 다음에서 이러한 단서를 찾아보고자 한다. 유명한 코르다 초상화, 자신을 돈키호테로 규정한 것, "총을 쥔 그리스도"라는 표현, 완전한 인간으로 이상화된 게바라, 이 네 가지 계기가 출발점이 될 것이다.

코르다의 초상화

1960년 3월 4일 아바나 항에서 무기와 탄약을 실은 화물선 '라 쿠브르(La Coubre)'가 폭발하는 사건이 일어났다. 이튿날 이 불행한 사건으로 희생된 사람들의 장례식이 진행되는 동안 사진작가 알베르토 코르다는 스냅 사진으로 체 게바라도 찍었는데 이때만 해도 이 사진이 역사상 가장 많이 복제되는 사진이 되리라는 사실은 꿈에도 몰랐다. 그로부터 7년 뒤 이 얼굴 사진은 일약 사람들 관심의 한복판에 놓이게 된다. 이 사진은 이것을 찍은 사진가의 작업실에서 1966년 쿠바를 방문 중인 급진 좌파 성향의 이탈리아 출판가 지안지아코모 펠트리넬리의 눈에 띄게 되었고 이렇게 해서 그와 함께 유럽으로 건너오게 된다. 이듬해 10월 체 게바라의 죽음이 알려지

CHE GUEVARA

팝아트를 비롯해 각종 상품 속에서 빛을 발하는 게바라의 초상

상품화

자 펠트리넬리는 이 사진을 포스터 크기로 수천 장 뽑아 저항운동을 펼치는 학생들에게 나누어 주도록 지시했다. 이것을 기점으로 이 사진은 데모 행렬을 동반하고 또 기숙사 벽을 장식하는 포스터로 68운동의 확고부동한 일부가 된다.

68운동의 퇴조도 이 초상의 대량 확산에 제동을 걸지 못했다. 오히려 정반대였다. 수십 년이 넘는 세월이 지난 현 시점에 이르러 그의 얼굴이 찬연한 빛을 발하는 제품들의 수는 헤아릴 길이 없을 정도이다. 찻잔, 티셔츠, 시계, 옷 장식 아플리케, 가방, 맥주나 포도주 병, 담뱃갑 등등 수 없이 많다. 축구 우상인 디에고 마라도나와 권투 세계 챔피언 마이크 타이슨은 몸에 게바라의 초상을 문신으로 새겨 넣기도 했다. 일개 유행품 이상으로 게바라와 관계를 맺고 있는 사람들이 체 게바라의 상품화 풍조에 대해 격분하는 것은 이해할 만하다. 하물며 로비 윌리엄스(Robbie Williams)나 조니 뎁 같은 스타들이 체를 주제로 한 액세서리로 장식을 하고 대중 앞에 나타나는 것을 선호하고 또 자동차 회사나 원거리

통신회사들이 체의 초상을 이용해서 광고를 하는 현실이고 보면 더욱 그렇다. 이러한 풍조 때문에 게바라의 딸 알레이다는 2003년 6월 아버지의 초상을 계속해서 광고 목적에 오용하는 사태를 막기 위한 법적 조치를 취하겠다고 공언했다.

이미 오래전에 혁명이 더는 인구에 회자되지 않게 된 시대에 유독 체 게바라의 초상이 상품으로 유통되는 현실은 코르다의 사진이 갖는 상징적인 위력 때문이기도 할 것이다. 즉 그의 사진은 반란과 젊음, 호전성과 동경, 결연함과 무아경을 유례없는 독특한 양식으로 결합시키고 있다. 오늘날 이 초상을 이용한 몸치장은 단순히 관습에 얽매이지 않는 삶의 자세에 혁명의 열정까지 덧입힐 수 있는 통로가 되며 또한 이러한 치장으로 인해 사회 바깥으로 나가야 할 필요가 눈곱만큼도 없이 사회에 온전히 순응하지는 않겠다는 자신의 의사를 남들에게 표시할 수 있는 수단이 되기도 한다. 이러한 '급진 취향'이 널

> 필시 체 게바라가 가지고 있는 "서점가의 베스트셀러, 초히트 포스터 상품의 면모는 급진 좌파라는 폭약을 가지고 초유의 수지맞는 장사를 하면서 자기 말에 책임질 생각은 안중에도 없는 우리의 '문화' 산업의 냉소주의를 내키지는 않지만 어쩔 수 없이 자인해야 하는 증언 이외에 아무것도 아니다."
> Hans Egon Holthusen, 〈Che Guevara〉, 1052쪽

리 퍼진 것이 사실이기는 하지만 체의 전기와 여행일기를 읽는 수많은 독자들이 있음은 또 다른 추측을 하지 않을 수 없게 만든다.

학생봉기를 두고 생각해 보면 체 게바라 수용의 여파는 정치적 급진화 외에도 일상생활에 관심의 초점이 집중되는 결과를 가져왔다. 게바라의 "혁명을 벗어나서 삶은 없다"는 원칙을 좇아 모든 시간과 에너지를 한 가지 사안에 투여한 사람의 경우라면 이처럼 열정에 찬 헌신의 태도 속에서 삶의 의미에 대한 의문이 제기될 여지가 없었다. 도를 넘을 정도로 개인적 선택의 길이 넘쳐 나고 유연성과 유동성이 증폭된 시대에 이처럼 한 군데 모든 것의 초점을 맞춘다는 것은 분명 시대착오적이다. 오히려 이러한 현 상황으로 인해 여기에 만족하지 못하거나 제대로 적응하지 못하는 사람들에게는 당연히 체 게바라의 삶이 무언가를 투사할 수 있는 일종의 영사막으로 기능하기 마련이다. 그래서 그의 모든 인생역정은 전반적으로 꼭 정치적일 필요는 없는 유사한 바람이나 동경이 기댈 수 있는 버팀대가 되기 마련이다.

많은 사람들에게 알베르토 코르다의 사진은 바로 젊은 반란자의 상징으로 통한다. 그러나 체 게바라 스스로 유포시킨 고정된 이미지는 달랐다. 1965년 4월 게바라가 부모에게 보낸 작별 편지의 서두는 다음과 같이 시작된다. "사랑하는 어머니 아버지! 제 발꿈치에 나의 로시난테의 갈빗대가 다시 느껴집니다. 방패를 팔에 안고 다시 길을 떠납니다."(AW 5, 35) 돈키호테 이미지의 게바라, 이것은 게바라가 스스로 자신에게 입힌 이미지로 그를 비판하는 사람들이 게걸스럽게 집어삼킨 제재이기도 하다. 그러한 자기 이미지는 다름 아니라 그의 기만성, 즉 그의 정치 이념들이 실현 불가능하다는 사실에 대한 시인이 아닐까? 사실 여하 간에 '돈키호테식 행동'(Don-quichotterie)이라는 말이 세상 물정에 어두운 이상주의의 발로에서 감행하는 무모한 행동으로 애초부터 가망이 없는 일이라는 의미로 미루어 볼 때 이러한 전후의 사정을 짚어 볼 수 있다. 적어도 콩고와 볼리비아에서 조직한 게릴라 부대에 대해서만큼은 이러한 맥락이 의심의 여지없이 꼭 들어맞는다. 그 밖에 게바라의 삶에서 이 '돈키호테식 행동'이라는 어휘가 어울릴 법한 다른 활약상을 짚어 내라면 상당수 더 열거할 수 있을 것이다. 그럼에도 불구하고 시중에 통용되는 이미지와는 배치되는 면모들을 근거로 체 게바라를 돈키호테로 해석하는 것에는 엄연히 문제의 소지가 있다. 첫째, 그러한 해석은 게바라의 정치적 실천뿐만 아니라 착취와 억압에 타협하지 않으려는 그의 동기와 이상까지 세상 물정 모르

돈키호테

는 이상주의로 폄하할 위험성이 있다. 둘째, 그러한 해석은 게바라가 실제 초래한 결과들의 문제점들을 무화시킬 염려가 있다. 체 게바라는 어디까지나 기사모험소설의 주인공, 즉 허구상의 인물이 아니라 그의 정치적 행동이 많은 사람들의 목숨을 지불하게 한 장본인이다. 돈키호테의 이미지가 그에게 적절한 것이건 그렇지 않건 간에 그러한 이미지는 얼핏 보면 너무나 부정적이어서 이런저런 소망을 투영할 영사막이 되기에는 적합해 보이지 않는다. 그러나 게바라가 세상 물정 몰랐다는 해석에 대해서는 다르게도 해석할 수 있다.

게바라가 부모에게 작별의 편지를 보낼 때마다 그의 어머니도 그에게 편지를 보냈다. 게바라의 어머니는 1965년 아들이 갑자기 사라진 것에 대해 불안해 하며 그 이면에 쿠바 지도부와의 정치적 견해차가 있는 것이 아닌가 추측했다. 게바라의 어머니는 게바라에게 그의 사회주의적 견해에 충실하라고 조언하고 만약 필요하다면 사탕수수 수확(그는 이 일 때문에 잠시 잠적한다고 그의 어머니에게 말해 두었다)에 힘을 낭비하느니 차라리 다른 나라에 가서 그의 이러한 견해를 실현해 보는 것이 어떻겠느냐고 충고했다. 이 편지는 다음과 같은 말로 끝을 맺는다. "애야, 넌 영원히 이방인의 신분에서 벗어날 수 없을 게다. 필경 그게 너의 영원한 운명일 게야."(Anderson, 2002,

568쪽) 세상이 게바라에게는 낯선 곳임을 두 인용문이 동일하게 강조하고 있다는 점이 눈에 띈다. 셀리아가 게바라를 두고 말한 세상과 동떨어진 존재라는 말은 우둔해서 현실을 잘못 인식하는 것과는 아무런 연관도 없음은 물론이다. 셀리아는 오히려 아들을 자신의 이상주의로 인해 속속들이 소외된 세상에 절대 맞을 수 없는 사람, 자신의 동지들보다 너무나 앞서 나가 있기 때문이 이들로부터 현실적인 인정을 기대할 수 없는 사람으로 생각했다. 그럼에도 불구하고 그녀는 아들에게 세상의 소용돌이에서 길을 잃지 말고 세상에 대한 그 본래의 인식을 고수하라고 당부했다.

세상과의 거리

세르반테스의 《돈키호테》를 즐겨 읽는 책이라고 스스로 말한 피델 카스트로는 1967년 10월 18일 추도사를 통해 정확히 이러한 생각들을 집어 올리고 있다. 즉 그는 체 게바라가 "미래의 인간"이었다고 선언하면서 이러한 세상과 동떨어져 있다는 점에 착안해서 그를 하나의 전범으로 추켜올렸던 것이다. 이러한 영웅적 이상주의는 치밀한 계산이 들어가 있는 하나의 고정된 인식의 틀이다. 이러한 고정된 이미지는 쿠바에서는 오늘날에 이르도록 '체의 신화'를 구성하는 본질적 요소이며 또 동시에 대안을 상정하지 않는 정치적 실용주의의 극복을 갈망하는 모든 사람들에게 그들의 희망을 투영하는 영사막이기도 하다. 이러한 극복을 바라는 사람들은 이러한 역할을 하는 영웅적 이상주의에 대해서라면 자진해서 돈키호테라는 이름도 마다하지 않을 것이다.

> 체 게바라는 빈민구역의 물질적 생활수준을 그저 향상시키기 위해서 목숨을 버린 것이 아니다. 내가 보기에 그는 이보다 무한히 값진 이상, 즉 새로운 인간이라는 이상을 위해 죽어갔으며 …… 나뿐 아니라 많은 사람들이 그렇게 믿고 있다고 나는 생각하며 수백만 사람들이 그렇게 생각하며 살아가고 있다.
>
> Ernesto Sáato, Niess, 2003, 154쪽

그리스도의 이미지

게바라가 죽은 뒤 곧바로 등장한 또 하나의 고정된 이미지에도 세상에 대한 그 특유의 거리감이 표출되어 있다. 이러한 고정적 이미지는 아무리 늦춰 잡아도 볼프 비어만(Wolf Biermann)의 노래 〈사령관 체 게바라〉가 나온 것과 때를 맞춰 유포된 것으로 "총을 든 그리스도"라는 이미지이다. 살아 있을 때부터 이미 게바라는 많은 사람들의 눈에 아주 특별한 인간으로 비쳤다. 그의 금욕적이고 한 치의 어긋남도 없는 평등주의적 태도, 정의에 대한 광적인 집착, 돈과 죽음을 무시하는 태도 등을 보고 그를 심지어 성자로 우러르는 사람들도 상당수였다. 볼리비아에서 그가 죽음을 맞은 방식 그리고 죽음과 연계되어 있는 정황은 이러한 숭배를 한층 더 심화시켰고 급

기야 게바라를 새로운 그리스도로 만들었다. 이러한 도를 넘는 숭배를 초래한 직접적인 계기는 감각적인 것이었다. 전 세계 수많은 신문지상에 실린, 1967년 10월 10일 찍은 발레그란데 시신안치소의 체 게바라 모습은 정말 홀바인(Holbein d. J.)이나 안드레아 만테냐(Andrea Mantegna)의 그림에 나오는 죽은 그리스도의 모습과 놀랄 정도로 유사하다.

외적인 모습이 닮았다는 것으로 인해 그리스도와의 비교가 한번 이루어지자 이러한 유추관계를 뒷받침해 줄 그 이상의 전거들이 속속 발굴되었다. 볼리비아에서 게바라가 맞은 죽음은 우연도 아니었고 그렇다고 전혀 예비 되지 않은 것도 아니었다는 사실이 그 대표적인 사례이다. 1967년 4월 집필한 〈세계 민중에 고함〉에서 게바라는 자신의 종말이 다가오는 것을 보고 있으며 여기에서 그는 의도적으로 자신의 종말을 피하지 않고 인류를 억압과 착취로부터 구하는 일에 복무하는 일이라면 죽음도 환영한다고 말하고 있다. 이처럼 그가 자신의 목숨을 내던졌다는 식의 도를 넘는 해석은 그 효력을 놓치지 않았으며 나아가 그를 새로운 그리스도로 보려는 사람들에게는 그야말로 물레방아를

> 당시 많은 사람들이 어떠한 형태로든 소속감을 느끼고 있었던 상상 속의 '보이지 않는 교회'(R. Bahro)의 삼위일체에서 체 게바라는 세상의 죄를 위해 죽은 아들의 위치를 점했다.
> Gerd Koenen,
> Die goßen Gesänge, 189쪽

돌리는 물과 같았다.

체 게바라도 자신이 해방시키려고 했던 사람들에게 배반당했다는 등등의 열거할 수 있는 다른 지엽적인 전거들이 더 있었을 것이다. 하지만 이 모든 유추는 한 가지 핵심에서 빗나갔다. 예수 그리스도는 '그의 나라는 이 세상의 것이 아니'라고 말함으로써 신의 왕국을 폭력으로 실현하기를 거부했다. 그러나 그리스도와의 모든 유비관계를 와해시킬 수도 있는 이 명백한 간극이 다시금 체 게바라의 매력을 증폭시키는 기폭제로 작용했다. 그리스도의 이미지를 이용해서 체 게바라라는 인간과 그 동기의 순수함을 암시하고 나자 이제 그가 선전해 온 폭력까지 순정한 폭력, 즉 어떠한 정당화의 필요도 뛰어넘는 무조건적인 신적 폭력으로 비쳐지게 할 수 있었다. 게릴라 체 게바라에게 순수함을 인정한다면 무장한 그리스도는 결코 형용의 모순이 아니었다. 그의 '제자들'에게는 다음과 같은 기준이 적용되었다. 즉 그의 이름으로 폭력을 사용하는 사람은 곧장 정의의 편에 선 것이며 그 자신 의인이 된다는 것이었다. 역시 마찬가지로 체 게바라가 구현하는 혁명의 이상이 퇴색된 뒤에도 게바라는 역시 영사막으로서 역사에 진입하고자 하는 욕구뿐 아니라 역사 안에서 논란의 여지없이 옳은 편에 자리하기를 바라는 욕구를 뒷감당하는 기능을 할 수 있었다.

혁명적 폭력의 순수성

사후 게바라에게 주어진 긍정적 평가들 중, 구체적으로 명시된 경우에 한정해서 말한다면, 장 폴 사르트르가 내놓은 해석이 가장 널리 알려져 있다. "이 인물은 한낱 지식인에 그치지 않고 우리 시대의 가장 완전한 인간이라는 견해에 나는 동의한다." 이 견해는 인간학적인 차원의 판단도 또 교육학적인 차원의 판단도 아니었다. 그가 말한 완전성은 사고와 행동, 이론과 실천이 일치하는 게바라의 면모를 두고 한 판단이었다. 이러한 표현은 문학적 허구나 종교적 투사의 영역으로 도피한 결과도 아니었고 또 게바라를 미래의 빛을 비추는 전범으로 만들지도 않았다. 이러한 사르트르의 해석은 게바라를 가장 가까운 과거를 통해 그 진실성을 입증한 전범으로 만들었다. 그렇지만 그로 인해 전범이 항용 갖게 마련인 의무를 지우는 속성에 대한 평가가 옅어진 것은 절대 아니었다.

그러나 사르트르가 찬탄한 대상, 즉 이론과 실천을 통일

'우리 시대의 가장 완전한 인간'

1960년 아바나에서 체 게바라를 만난 시몬느 드 보부아르와 장 폴 사르트르

하려는 열정은 이미 그러한 통일이 이루어진 상태에서 출발하는 것은 아니었다. 오히려 실천이 지식인의 사유처럼 자유롭고 급진적일 때만이 통일은 완전한 것이 되는 것이다. 사르트르는 급진성을 이상화함으로써 게바라의 뒤를 따른다는 자기 확신을 가질 수 있었다. 그러지 않아도 게바라는 오해의 소지 없이 단언한 바 있다.

급진의 열정 "'중도'란 식민종주국의 모든 대리자들이 즐겨 사용하는 개념들 가운데 하나이다. 그들, 즉 불안을 느끼는 사람들 그리고 이런저런 방식으로 배반을 음모하는 사람들은 모두 '온건'하기 마련이다."(AW 4, 18쪽) 쿠바 게릴라군으로 활동하던 시절 이후로 게바라가 이러한 원칙을 지키려고 노력했으며 이런 점에서 그는 상당히 성공한 인물이라는 사실에 대해서만큼은 인정해야 한다. 급진적 이론을 실천의 영역으로 가져갔을 때 어떠한 정치적 결과들이 초래될 지에 대해서 게바라는 인식하고 있었거나 최소한 예감하고 있었으며 개인적으로도 그에 대한 대가를 치를 준비가 되어 있었다. 물론 그는 다른 사람들에게도 이러한 대가를 거침없이 요구했다. 예컨대 쿠바 위기 때 그가 취한 입장, 즉 정치적 이념의 실현에 수백만의 희생이 따르더라도 이를 감수하겠다는 자세를 생각해 보면 그가 타인에 대해서도 그러한 요구를 했다는 추론이 가능하다. 과거 학생봉기를 압도했던 급진의 열정은 대부분 사라졌고 남은 것은 학생봉기의 지렛대가 되었던 가치, 즉 사고와 행동의 일치라는 이상뿐이다. 그러한 일치를 추구하는 사람이라면 게바라의 전기 도처에서 그러한 예들을 발견할 수 있을 것이다.

치열함과 이상주의, 순수함 또는 정체성을 향한 바람들은 그 표출되는 양상에 상관없이 얼마든지 체 게바라의 삶과 영향이라는 든든한 지주에 기댈 수 있고 이처럼 그를 지주로 삼는 것 자체는 곧장 그 개인을 이상화하는 것으로 직결되게 마련이다. 여기에서 네 가지 게바라에 대해 정식화된 면모를 이야기했는데 게바라를 대상으로 한 그와 같은 투사는 향후에도 계속 '체의 신화'를 보좌하는 독특한 방식이 될 것이다. 그렇기 때문에 급진적인 모습의 '진짜' 체 게바라를 끌어 와서 작금의 이런저런 퇴조 징후들을 막아 보려고 하는 체의 팬들의 시도는 '경험적' 체 게바라를 근거로 '체의 신화'를 깨뜨리려고 하는 게바라 비판가들의 시도와 마찬가지로 결실을 거두기 어려울 것이다.

CHE GUEVARA

예술에 등장하는 인물 체 게바라

체 게바라는 그간 예술적 대상의 영역에까지 들어갔는데 이는 체 게바라의 인생역정과 유명세가 몰고 온 거의 필연적인 귀결이었다. 그러나 이러한 경우 미적 수준이 일차적인 문제가 되지 않는 일이 다반사였고 오히려 예술을 통해 전설적인 사령관의 명망을 찬양하려는 의도가 일차적인 관심사였다. 체 게바라를 알고자 하는 사람 가운데 그의 글이나 여러 편 나와 있는 전기들로 만족하지 못하는 사람을 위해서 아주 다양한 장르의 예술작품들 몇 가지를 소개해 보겠다.

글 이 혁명 지도자를 사후 찬양하는 일의 포문을 연 사람은 1967년 10월 18일 아바나에서 거행된 전 국가적 장례식에서 방금 완성한 찬양 송시 〈체 사령관〉을 낭송한 쿠바의 시인 니콜라스 길렌(Nicolás Guillén)이었다. 아르헨티나의 작가 훌리오 코르타자르(Julio Cortázar)는 체 게바라에 대한 추도문을 통해 앞으로도 체의 잘린 두 손이 자신의 펜을 이끌어 가리라고 적었다. 그는 그 이전에 단편 〈통일〉(〈Das Feuer aller Feuer〉 프랑크푸르트 암마인

1976, 61~78)에서 "그란마" 상륙 이후 처음 며칠간을 묘사한 바 있다. 1997년 에리히 하클(Erich Hackl)은 〈어린이를 위한 죽지 않은 자의 ABC. 죽기 전과 후의 삶에 대한 26개의 해제〉(《아버지 시험》, 취리히, 2004, 167~181)에서 차근차근 이야기를 풀어 나갔다. RIUS로 더 잘 알려져 있는 멕시코 만화가 에두아르도 델 리오 그라시아(Eduardo del Río Garcia)는 선전선동 만화 《A-B-체. 우리 시대 혁명가의 감동적이고 소박한 전기》(베를린, 1982쪽)로 입문적인 형태의 전기를 내놓았다. 폴커 브라운(Volker Braun)은 그로테스크한 작품 《게바라냐 신의 왕국이냐》(《희곡집》 1권 프랑크푸르트, 암마인, 1989, 159~210쪽)를 통해 체 게바라를 꼭 혁명의 영웅으로 다루어야 하는 것은 아니라는 것을 보여 주었다. 그는 이 작품을 1977년 잠깐 동베를린 소재 '독일 극단 무대에 올렸다.

2003년 제작 방송된 호세 파블로 파인만(José Pablo Feinmann)의 라디오극 〈체. 에르네스토 '체' 게바라와의 논쟁〉은 매우 흥미진진하다. 현재의 한 아르헨티나 의사가 죽기 전날 밤 유명한 동료 의사와 체 게바라의 생애와 좌절에 대해 이야기를 나누는 내용이다. 음향 전기라고 할 수 있는 우르슐라 포스(Ursula Voss)의 〈불가능에 도전하자. 체 게바라에 대한 회상〉에서 사령관의 실제 목소리 그리고 여기에 더해 카스트로나 루디 두취

음향예술

케의 육성을 들을 수 있다.(오디오북, 2003) 1997년 제작된 CD 《El Che Vive(최후의 외침, Last Call)》에는 체 게바라를 소재로 한 노래들 가운데 가장 유명한 것들을 담았는데 고전이 되다시피 한 〈Hasta Siempre(게바라여, 영원하라)〉를 카를로스 푸에블라(Carlos Puebla), 솔레다드 브라보(Soledad Bravo) 그리고 마리아 파란투리(Maria Farantouri)가 각각 부른 곡들도 거기에 포함되어 있다. 이 CD는 사람들에게 혁명에 대한 향수를 심어 주고 있다. 1973년 피노체트가 쿠데타를 일으켰을 때 볼프 비어만은 기타를 들고 〈사령관 체 게바라〉라는 노래를 부르기도 했다. 음향 예술가이자 작곡가인 베르너 체(Werner Cee)의 2003년 작 음향 콜라주 〈주제반복(Repercusión) 또는 체의 두 손〉은 이 혁명가가 또 다른 음악 형식을 낳는 영감의 원천이 될 수도 있음을 보여 준다.

영화 체 게바라의 생애는 그 자체로서 영화의 좋은 소재였다. 할리우드는 오래 머뭇거리지 않았다. 20세기폭스는 1969년에 이미 오마 샤리프 주연의 〈체!〉(Richard Fleischer 감독)를 개봉했다. 2004년 칸에서 처음 상영된 월터 샐러스의 〈모터사이클 다이어리〉를 보면 시대와 체 게바라에 대한 관심이 얼마나 많이 변했는지를 느끼게 된다. 이 영화의 초점은 혁명가의 존재가 아니라 친구 알베르토 그라나도(Rodrigo de la Serna분)와 함께 남아메리카 대륙을 누비는 젊은 모험가 에르네스토 게바라(Gael García Bernal분)이다. 이 영화에 대한 영화, 샐러스 영화의 제작 과정을 기록한 지아니 미나의 〈체 게바라와의 여행〉은 80세의 그라나도를 중심에 놓고 있는데 이것은 표제 영화의 범주에 포함될 수 있을 것이다. 어느 정도 흥행에 성공한 수많은 영화들 가운데 리카르도 딘도(Richard Dindo)의 1995년 작 ARTE 프로덕션의 〈에르네스토 '체' 게바라 – 볼리비아 일기〉 정도만 언급하겠다. 대중적 우상으로서의 체를 다시 한 번 예술적으로 성찰하려는 시도들도 있었다. 한스 니후스(Hans Niehus)의 수채화 "현실적이 되자. 그리고 불가능에 도전하자"(1998)가 있고 가빈 투르크(Gavin Turk)도 이러한 시도를 했는데 그는 "게바라 2주간" 행사를 열고 더 나아가 예술에 등장하는 인물 체와 논란을 벌인 결과들을 2003년 런던 스타치 화랑에서 전시하기도 했다. 사진작가 중에서는 당연히 체 게바라의 가장 유명한 사진을 찍은 사진작가 알베르토 코르다를 첫손에 꼽을 수 있다. 최근 사망한 이 쿠바 혁명 전문 사진작가의 사진집 《코르다, 쿠바를 보다》(뮌헨, 2003)에는 이 유명한 사진을 포함해서 다른 많은 사진들이 실려 있다. 그 밖에 게바라 얼굴 사진으로 유명한 작품은 스위스의 저명한 사진작가 르네 뷔리(René Burri)의 것이 있다. 그가 찍은 사진 몇 장이 쿠바

미술

CHE GUEVARA

정경 사진과 함께 잡지 《DU》(12/1993)의 장정이 멋진 부록 〈쿠바인들(Los cubanos). 혁명의 변화된 모습들〉에 실려 있다.

체 게바라 연보

1928년 6월 14일 아르헨티나 로사리오에서 에르네스토 게바라 린치와 셀리아 데 라 세르나의 첫 아이로 에르네스토 게바라 데 라 세르나 출생.
1930년 5월 2일 첫 천식 발작. 평생을 지속될 지병의 시작.
1933년 6월 의사들의 권유로 가족 전체가 코르도바의 휴양지 알타 그라시아로 이주.
1946년 코르도바 딘 푸네스 고등학교 졸업.
1947년 11월 부에노스아이레스 대학에서 의학 공부 시작.
1950년 1~2월 자전거를 타고 아르헨티나 북부지방 4500킬로를 여행.
1951년 3월 자코보 아르벤츠 구즈만이 과테말라 대통령에 선출된 후 대규모 토지개혁 착수. 12월 29일 알베르토 그라나도와 함께 칠레, 볼리비아, 페루, 콜롬비아를 거쳐 베네수엘라까지 가는 첫 번째 남아메리카 대장정 시작.
1952년 8월 31일 부에노스아이레스 귀환.

1953년 4월 11일 의학공부 마침. 6월 12일 박사학위 취득. 7월 카를로스 페레르와 함께 두 번째 남아메리카 여행 시작. 7월 26일 쿠바에서 피델 카스트로가 소수의 추종세력과 함께 몬카다 병영을 기습하고 풀겐시오 바티스타 독재정권을 무너뜨리려고 기도했으나 실패. 12월 23~24일 과테말라 도착. 이곳에서 나중에 아내가 될 페루 출신 사회주의자 힐다 가데아를 만남.

1954년 6월 미 정보국이 지원하는 쿠데타로 자코보 아르벤츠 대통령 하야. 8월 멕시코로 감. 여기에서 사진사와 의사로 일하면서 쿠바 망명객들과 접촉이 많아짐.

1955년 여름 멕시코시티에서 피델 카스트로를 알게 되고 처음 대화를 나눈 직후 카스트로가 바티스타 정권을 무너뜨리기 위해 계획하고 있던 쿠바 출정에 합류하기로 결정. 8월 18일 힐다 가데아와 결혼.

1956년 2월 15일 딸 힐다 베아트리즈 출생. 4월 멕시코 찰코에서 게릴라군사 훈련 시작. 6월 게바라와 카스트로 집단이 잠시 멕시코 경찰에 체포. 11월 25일 "그란마"가 게바라, 카스트로, 그 외 80명을 태우고 멕시코의 항구 툭스판을 떠나 쿠바로 향함. 12월 2일 쿠바 오리엔테 지방의 로스 콜로라도스 해안에 상륙. 12월 5일 알레그리아 델 피오에서 정부군의 습격을 받고 카스트로 부대원 대다수가 전사. 12월 21일 패잔병들이 시에라마에스트라에 집결해 게릴라 부대를 구축하기 시작.

1957년 2월 라 플라타에서 게릴라 부대의 첫 승리. 5월 말부터 엘 우베로 병영을 습격, 장악한 뒤 게릴라 부대 최초로 시에라마에스트라에 작은 "해방구" 획득. 7월 체 게바라 사령관 임명.

1958년 4월 9일 카스트로와 다른 저항운동 세력이 계획한 총파업 실패. 5월 25일 정부군의 공격. 8월 30일 게바라가 150명의 대원을 인솔하고 교통의 요지를 완전히 장악하기 위해 섬 중심부로 떠남. 12월 29~31일 게바라의 지휘 하에 지방 주도 산타클라라 접수.

1959년 1월 1일 12월 마지막 날 밤 독재자 바티스타가 도미니카 공화국으로 탈주. 1월 2일 혁명가들이 아바나로 개선행진. 게바라가 라 카바나 요새 사령관에 임명. 1월 9일 아바나에서 부모와 재회. 1월 21일 힐다 가데아 쿠바 도착. 2월 7일 체 게바라 쿠바 국적 획득. 5월 22일 힐다 가데아와 이혼. 6월 2일 알레이다 마르쉬와 결혼. 6월 12일~9월 9일 아프리카와 아시아의 여러 나라 순방. 10월 7일 국가농지개혁위원회의 산업부 수장에 임명. 11월 26일 국영은행장에 임명.

1960년 4월 《게릴라전》 출간. 10월 미국이 쿠바에 대해 교역봉쇄 조치를 취함. 10월 22일~12월 22일 교역 및 경제 협정 체결을 위해 소련과 중국, 기타 사회주의 국가들 순방. 11월 24일 딸 알레이다 출생.

1961년 1월 3일 미국 쿠바와의 외교관계 중단. 2월 23일 게바라 산업부 장관에 임명. 4월 16~19일 미 정보국이 재정 지원한 침략 작전 "돼지우리"를 패퇴시킴.

1962년 1월 미주국가연합 OAS에서 쿠바 배제. 5월 20일 아들 카밀로 출생. 6월 소련과 쿠바 핵미사일 배치 협약에 조인. 10월 15~28일 쿠바 위기.

1963년 《쿠바 일기(혁명전쟁 회고록)》 출간. 6월 14일 딸 셀리아 출생. 10월 게바라가 향후 쿠바의 경제정책에 관한 논쟁에 불을 붙임(일명 "계획논쟁"). 이 논쟁에서 결국 패배.

1964년 4월 18일 친구인 요르게 마제티가 아르헨티나에 구축한 게릴라 거점이 궤멸됨. 12월 10~12일 뉴욕에서 열리는 유엔 총회에 참석하여 연설. 곧이어 수개월에 걸쳐 아프리카 여러 나라를 여행.

1965년 2월 24일 아들 에르네스토 출생. 2월 25일 알제리 연설. 여기에서 소련을 혹독하게 비판. 3월 15일 쿠바 귀환. 피델 카스트로와 장시간 대화를 나눈 뒤 대중들의 시야에서 사라짐. 4월 2일 촘베 대통령에 반대하는 콩고 게릴라 부대에 합류하기 위해 쿠바를 떠나 콩고로 향함. 4월 24일 게릴라 작전 지역에 도착. 10월 3일 카스트로 당정회의에서 게바라의 작별 편지 공개 낭독.

11월 21일 게바라 게릴라 작전에 실패, 콩고에서 철수 후 탄자니아에 머물면서 《아프리카의 꿈》 집필 착수.

1966년 3월 신분을 숨긴 채 프라하 여행. 7월 몰래 쿠바로 돌아가 카스트로의 지원 하에 볼리비아 게릴라군 준비에 착수. 11월 7일 여러 중간 기착지를 거쳐 낭카후아추의 볼리비아 게릴라군 본거지로 들어가는 한편 《볼리비아 일기》 시작. 12월 31일 볼리비아 공산주의자들의 지도자 마리오 몬예와 불화.

1967년 2월 1일 훈련 및 정찰을 위한 행군 시작. 3월 23일 예기치 못한 시점에 볼리비아 군과 교전. 4월 게릴라 부대를 나눔. 게바라의 연락책 레지 드브레이와 치로 부스토스가 정부군에 체포됨. 게바라의 〈세계 민중에 고함〉 아바나에서 공표됨. 8월 31일 분산된 게릴라 부대가 정부군에 궤멸. 이때 타마라 붕케("타냐")도 전사함. 10월 7일 마지막 일기. 10월 8일 게바라 유로 협곡 전투에서 부상당한 후 체포되어 라 히게라로 이송됨. 10월 9일 볼리비아 정부의 명령으로 총살. 10월 10일 발레그란데에서 시신이 공개된 후 알려지지 않은 장소에 매장. 10월 15일 피델 카스트로 텔레비전 방송을 통해 게바라의 사망 사실을 공식 발표. 10월 18일 아바나에서 장례식이 열려 수십만 인파가 참가.

1995년 11월 볼리비아군 퇴역 장교의 진술로 게바라 시

CHE GUEVARA

신을 찾는 작업 착수.

1997년 7월 12일 발레그란데 비행장 근처에서 게바라의 유해를 발굴한 후 쿠바로 이송. 10월 17일 게바라의 유해가 그를 위해 특별히 조성된 산타바바라 묘역에 안치됨.

참고 도서

에르네스토 체 게바라 저작의 약칭

AT Der afrikanische Traum. Das wieder aufgefundene Tagebuch vom revolutionären Krieg im Kongo, Köln 2000.

AW 호르스트 에카르트 그로스 편 선집 단행본들, Bonn 1990 이후
1권: Guerillakampf und Befreiungsbewegung
2권: Cubanisches Tagebuch
3권: Aufsätze zur Wirtschaftspolitik
4권: Schriften zum Internationalismus
5권: Das vollständige Bolivianische Tagebuch
6권: Der neue Mensch. Entwürfe für das Leben in der Zukunft.

EH Raúl Castro와의 공저 Die Eroberung der Hoffnung. Tagebücher aus der kubanischen Guerilla Dezember 1956 bis Februar 1957, Bad Honnef 1997.

LA Latinoamericana. Tagebuch einer Motorradreise 1951/52, Köln 1994.

MG Das magische Gefühl, unverwundbar zu sein. Das Tagebuch der Lateinamerika-Reise 1953-1956, Köln 2003.

에르네스토 체 게바라의 글 모음집

Sven Papcke 편, Brandstiftung oder Neuer Friede. Reden

und Aufsätze, Reinbek 1969(1969년까지 출간된 방대한 자료목록이 포함되어 있음).

Horst Kurnitzky 편, Guerilla-Theorie und Methode, Berlin 1968.

Horst Kurnitzky 편, Ökonomie und neues Bewußsein, Berlin 1969.

Horst Kurnitzky 편, Politische Schriften. Eine Auswahl, Berlin 1976.

전기

Anderson, Jon Lee, Che. Die Biographie, München 1997(이 전기는 Castañeda와 Taibo II세의 전기와 나란히 방대한 전기의 하나이다. 이것은 현지 탐사 대장정을 바탕으로 쓰인 전기로서 서술에 긴 장감이 넘친다. 본서에서는 제5판본을 참조했다. München 2002).

Castañeda, Jorge G., Che Guevara, Biographie, Frankfurt/Main 1997(이 전기는 정치적 전후관계를 상세하게 고려했다는 점에서 일독을 권할 만하다. 본서에서는 포켓판 Frankfurt/Main 1998를 참조했다).

Fernando Diego García와 Oscar Sola 공편, Che. Der Traum des Rebellen (Matilde Sánchez의 에세이가 포함되어 있다. 상세한 설명이 덧붙여진 근사한 사진들이 들어 있다).

Guevara (Lynch), Ernesto, Mein Sohn Che, Hamburg 1986(게바라의 어린 시절과 청소년기에 대한 상세한 정보를 제공하지만 다분히 아버지로서의 긍지가 덧칠해져 있는 것이 흠이다).

Hetmann, Frederik, "Solidarität ist die Zärtlichkeit der Völker". Die Lebensgeschichte des Ernesto Che Guevara,

Weinheim/Basel 1999(청소년서의 고전 "Ich habe sieben Leben"
의 저자가 쓴 친절한 서술이 돋보이는 책이지만 이따금 세부 사실을
훼손한 부분도 눈에 띈다).

James, Daniel, Che Guevara. Mythos und Wahrheit eines
Revolutionär, 제8판, München 2002(1969년 출간되었던 전기를 개
작한 것으로 돈키호테 모티브를 논의의 중심으로 끌어올린 책이다).

Lawrezki, Josef, Ernesto Che Guevara, Berlin(동독) 1974(동독
에서 출간된 게바라 전기로는 유일한 것으로 성인전 같은 느낌을 많이
준다. 본서에서는 제2판을 참조했다. Berlin(동독) 1976).

Niess, Frank, Che Guevara, Reinbek 2003(로볼트사의 입문적인
인물 탐구 시리즈의 하나로 시의성 있고 구성이 탄탄하다. 1973년에
나온 Elmar May의 책의 대체본이다).

Rojo, Ricardo, Che Guevara. Leben und Tod eines
Freundes, Frankfurt/Main 1968.

Taibo II, Paco Ignacio, Che. Die Biographie des Ernesto
Guevara, Hamburg 1997(게바라의 입장에 크게 공감하지만 무비판
적이지는 않다. 체의 팬이라면 누구나 선택하는 정본 격이며 체 게바
라가 쓰거나 그에 관해 쓰인 스페인어권 문헌을 집대성한 목록을 첨부
했다).

에르네스토 체 게바라에 대한 2차 문헌

Bettelheim, Charles 외, Wertgesetz, Planung und Bewußtsein.
Die Planungsdebatte in Cuba, Frankfurt/Main 1969.

Castro, Fidel, Über Che Guevara, Berlin 1967(1967년 10월 18
일 카스트로의 추도연설문).

Ceballos Betancur, Karin, Auf Che Guevaras Spuren.

CHE GUEVARA

Lateinamerikanische Reisnotizen, Wien 2003.

Debray, Régis, Revolution in der Revolution? Müchen 1967.

Granado, Alberto, Mit Che durch Südamerika. Reisebericht, Köln 1988.

Hitchens, Christopher, "Es war einmal. Che Guevara - Parabeln eines charismatischen Untergangs", Lettre International, Heft 38(1997), 40~44쪽("체의 신화"에 대한 시론).

Holthusen, Hans Egon, "Che Guevara. Leben, Tod und Verklärung", Merkur 12/1969, 1051~1067쪽(체 게바라가 왜 68세 대에게 우상이 되었는지를 이해하게 해주는 글로서 아직도 시의성이 있다).

Internationale Che-Guevara-Konferenz, Berlin 1998(게바라 서거 30주기를 추모하는 이 회의록을 보면 좌파 사이에서 게바라가 아직도 영향력이 있음을 느낄 수 있다).

Larteguy, Jean, Guerillas oder Der vierte Tod des Che Guevara, Gütersloh 1969(1967년 체 게바라의 발자취를 따라서 남아메리카를 여행한 프랑스 언론인의 성찰록).

Löwy, Michael, Che Guevara, 제2판, Frankfurt/Main 1993(초판은 1970년에 나왔다. 체 게바라의 철학적, 정치적, 경제적 사상에 대한 약간 구태의연한 해석들이 간간히 눈에 띤다).

Marcilly, Jean, "'Ich wäre gern der Mao unseres Kontinents'. Ernesto Che Guevara über Kuba, Kommunismus und die Russen", Der Spiegel, Nr. 35/1968, 66~67쪽(1966년 베네수엘라에서 한 것으로 기록되어 있는 대담자 미상의 인터뷰에서 발췌한 것이다).

Massari, Roberto, Che Guevara. Politik und Utopie. Das

Politische und philosophische Denken Ernesto Che Guevaras, Frankfurt/Main 1987(독일어권에서 체 게바라의 생애에 초점을 맞추지 않은 방대한 전기로는 지금까지 이 책이 유일하다).

Maschke, Günter, Kritik des Guerillero. Zur Theorie des Volkskriegs, Frankfurt/Main 1973.

Papcke, Sven G., "Positive Entfremdung. Zur Wirkungsgeschichte Ernesto Che Guevara", Sven Papcke편, Ernesto Che Guevara, Brandstiftung oder Neuer Friede?, Reinbek 1969, 134~163쪽(게바라의 호전적 휴머니즘을 새로운 인간학으로 해석하고 있다).

Santis, Sergio de, "Bewußtsein und Produktion. Eine Kontroverse zwischen Ernesto Che Guevara, Charles Bettelheim und Ernest Mandel über das ökonomische System in Cuba", Kursbuch 18(1969), 80~117쪽.

Sinclair, Andrew, Che Guevara, München 1970(간략하고 전기적인 측면이 압도적인 기술로서 게릴라 이론에 대한 논의들을 담고 있다).

Sonntag, Heinz Rudolf 편, Che Guevara und die Revolution, Frankfurt/Main 1968(체 게바라 자신이 쓴 글 몇 편 외에 게바라가 68세대에 미친 영향을 서술한 기고문들이 들어 있다).

Taibo II, Paco Ignacio/Escobar, Froilan/Guerra, Felix, Das Jahr, in dem wir nirgendwo waren. Ernesto Che Guevara und die afrikanische Guerilla, Berlin 1996.

Weiss, Peter, "Che Guevara!", Heinz Rudolf Sonntag 편, Che Guevara und die Revolution, Frankfurt/Main 1968, 94~98쪽(독일 좌파를 향해 체 게바라를 따르라는 촉구).

CHE GUEVARA

주변 영역과 영향사를 다룬 문헌

Ali Tariq, Street Fighting Years, Köln 1998(영국 학생운동 지도자의 회고담).

Debray, Régis, Kritik der Waffen. Wohin geht die Revolution in Lateinamerika? Reinbek 1975(과거 "게바라주의"를 주창한 이데올로그의 수뇌였던 저자가 무장투쟁의 기치에서 전향한 기록).

Debray, Régis, "Was wir von den Tupamaros lernen können", Wolfgang Dreßen 편, Sozialistisches Jahrbuch 4, Berlin 1972, 144~175쪽(거점이론의 창시자가 도시게릴라의 존재를 발견한 기록).

Dutschke, Gretchen, Rudi Dutschke. Wir hatten ein barbarisches, schönes Leben. Ein Biographie, München 1998(서독에서 체 게바라를 대중화하는 데 결정적인 기여를 했던 학생운동 지도자의 초상).

Feltrinelli, Giangiacomo 편, Lateinamerika, ein zweites Vietnam? Reinbek 1968.

Hetmann, Frederik, Preis der Freiheit. Bericht einer Reise nach Kuba, Weinheim/Basel 1984(열광에서 벗어난 체 게바라 전기 작가의 여행기).

Huffschmied, Anne 편, Subcomandante Marcos. Ein maskierter Mythos, Berlin 1995(마르코스의 매력의 의미와 한계를 탐색하려는 시도).

Huffschmied, Anne, Diskursguerilla: Wortergreifung und Widersinn. Die Zapatistas im Spiegel der mexikanischen und internationalen Öffentlichkeit, Heidelberg 2004(사파티스타의 영향사를 그들의 담론 분석을 통해 탐구한 책).

Kerkeling, Luz, La lucha sigue!-Der Kampf geht weiter!:

EZLN-Ursachen und Entwicklungen des zapatistischen Aufstands, Münster 2003(사파티스타를 다루고 있지만 부사령관 마르코스를 중점에 두지는 않는다).

Koenen, Gerd, Die großen Gesänge, Frankfurt/Main 1987(좌파 내에서 영웅 숭배 현상이 나타나는 양상들).

"Kursbogen Tupamaros", Kursbuch 18(1969) 부록(부록 한 지면을 통해 우루과이 도시게릴라의 매력을 묘사하고 있다).

Labrousse, Alain, Die Tupamaros. Stadtguerilla in Uruguay, München 1971(동시대를 기술한 것으로 투파마로의 가장 중요한 문건들을 포함하고 있다).

Lamberg, Robert F., Die Guerilla in Lateinamerika, München 1972.

Mittelstädt, Hanna/Schulenburg, Lutz, Der Wind der Veränderung. Die Zapatisten und die soziale Bewegung in der Metropolen. Kommentare und Dokumente, Hamburg 1997(사파티스타가 초창기에 내놓은 가장 중요한 선언문들이 포함되어 있다).

Nussbaum, Heinrich von 편, Materialien zur Revolution in Reden, Aufsätzen, Briefen von Fidel Castro, Che Guevara, Régis Debray, Darmstadt 1968.

Osang, Alexander, "Die letzte Guerrillera. Eine Revolutionärin landt in Hollywood": Osang, Alexander, Neunundachtzig: Helden-Geschichten, 제2판, Berlin 2003, 144~154쪽(나디아 붕케가 딸의 명예를 회복시키기 위해 했던 활동에 대한 보고서).

Panitz, Eberhard, Der Weg zum Rio Grande. Ein biographischer Bericht über Tamara Bunke, Berlin(동독) 1973(Tania la Guerrillera보다는 읽을 가치가 있지만 성인전 같다).

CHE GUEVARA

Rojas, Marta/Rodríguez Calderón, Mirta, Tania, la Guerrillera, Berlin(동독) 1973(볼리비아 시절 체 게바라의 동지였던 타마라 붕케에 대한 "공식"전기).

Schaaf, Günther, Che Guevara. Begegnungen und Gespräche 1961~1964 in Kuba, Bonn 2002(과거 쿠바 주재 동독 무역대표부의 일원이었던 인물의 인상기. 최근 집필된 것임을 거의 느낄 수 없다).

Schlesinger, Stephen/Kinzer, Stephen, Bananen-Krieg. Das Exempel Guatemala, München 1986(자코보 아르벤츠를 무너뜨린 쿠데타의 배경을 해명해주는 기본서).

Skierka, Volker, Fidel Castro. Eine Biographie, Reinbek 2002(쿠바 혁명 지도자를 그린 방대한 초상으로 문학적이며 논증적인 면이 두드러진다).

Sterr, Albert, "Guerillakampf und Befreiungsbewegun-gen in Lateinamerika", Sterr, Albert, Die Linke in Lateinamerika. Analysen und Berichte, Köln/Zürich 1997, 230~269쪽(라틴아메리카 게릴라 운동의 다양한 형태들을 일목요연하게 조망하고 있다).

Váquez Montalbán, Manuel, Marcos. Herr der Spiegel, 개정된 제2판, Berlin 2001(마르코스와 사파티스타를 저항문화의 적자로 간주하며 이 책을 쓴 스페인 출신 저자도 그러한 문화에 따라야 한다는 관점을 취하고 있다).

Weber, Gaby, Die Guerilla zieht Bilanz. Gespräche mit Guerilla-Führern in Argentinien, Bolivien, Chile und Uruguay, Gießen 1989(한때 상관급이었던 투파마로들에 대한 세부 인터뷰 다섯 편이 포함되어 있는 것이 특징이다. 이 다섯 편의 인터뷰를 통해 이 도시게릴라의 역사에 대한 일별이 가능하다).